学芸員のための
展示照明ハンドブック

博物館と
美術館の
照明に役立つ
ポイント

Lighting Handbook
for Curators in the Museum

藤原 工
Takumi Fujiwara

講談社

まえがき

　照明する、光をつけるというのはたいへん単純な行為です。「部屋の電気つけて～」といったら、小さな子どもでもスイッチ一つでできますからね。スポットライトをライティングレールに取り付けて、展示物に光をあてるのも、ただあてるだけだったら単純な行為です。でも本当は、そんな単純なモノじゃない。そう気づいているからこそ、皆さんは本書を手にとってくださっているのでしょう。

　それは正解です。

　ミュージアムの照明の性質をひとことで表すならば、「展示物への影響を最小限に抑えながら、展示物への効果を最大限にしなければならない」という矛盾に満ち溢れた言葉になります。これに、もうひとこと付け加えるならば、「展示物の照明効果は舞台演出とは異なり、展示物の正しさを超えたところにあってはならない」という制約があります。このように「展示物への影響」と「展示物の正しさ」についての条件をクリアしつつ、効果的な照明を行わなければならない。しかも展示物には、油彩画もあれば彫刻も工芸もあり、それぞれ、光から受ける影響やものの正しさ、効果的な照明が当然違うとなれば、ある意味とっても面倒で、複雑で、でも、これほど好奇心をかきたてられる世界は少ないと思います。

　学芸員の皆さんは、このような照明と日々格闘しているわけです。海外では照明専門のスタッフを抱えているミュージアムが少なくありませんが、日本では、照明専門のスタッフのいる館は皆無に等しく、ライティングを外注している館もまだまだ少ないのが現状です。つまり、学芸員の皆さんの力に寄るところ大なわけです。

　その芸術作品が目で鑑賞するものならば、当然、光は必要不可欠となります。そして、その光のさじ加減一つで、作品の素晴らしさをそのまま感じさせることも、その逆も起こりうることがあることも、皆さんはよく解っていると思います。これまで、どれだけ多くの名画たちが、おざなりな照明によって魅力を損なってきたのか？　その損失をあえてコストで表すと

莫大な金額です。例えば50億円の絵画にひどい照明をあてたために1億円の価値も感じさせなければ、それは49億円以上の損失といえます。そんな単純なものではないのですが、名画を楽しみに来た鑑賞者の落胆たるや、大変なものだと思います。もしもそれが子どもたちで、しかも絵画鑑賞の初めての機会だったとしたら、最悪のファーストインプレッションです。子どもの芸術離れも案外、こんな簡単な理由かもしれません。

　ちょっと脅しすぎましたね。ここまでいっちゃうと、照明はたいへん重要で難しいものに感じさせてしまったかもしれませんが、実は、そう難しいものでもないのです。展示の照明は、奇をてらう必要はまったくありません。なぜなら、展示物そのものにすでに素晴らしい魅力がつまっているからです。照明は、その魅力を損なわないように、基本的なことを真面目に積み重ねるだけです。そのうえで、ただちょっとだけ、気を遣ったり心がけたりすると、作品の息吹が感じられ、格段に見やすく展示空間が心地よいものになります。それがミュージアムの照明なのです。

　本書では、現役の博物館学芸員の皆さん、また、これから学芸員を目指そうとしている学生の皆さんに、展示照明を実践する際に守らなければならない基本的な事項から、実際に照明をするにあたってのポイントや注意点、そして、これからのミュージアムを運営するにあたって当然考えるべき、照明リニューアルについてまで、展示照明について幅広い内容でまとめています。それらをできるだけ解りやすくするために、図表を数多く使い、内容も項目（Stage）別に見開き完結としていますので、全体をパラパラと通しで読むだけでなく、日々の活動の場でのハンドブックとしても活用できるようしています。

　本書は6つのチャプターで構成されています。Chapter1ではミュージアム照明の基本的な事項を、物・人・空間と光の関係性から解説しています。Chapter2ではミュージアム照明について、展示手法ごとに分類し解説しています。Chapter3では代表的な展示物別に照明のポイントや手法の一例を提示しています。Chapter4ではライティングの前段回で考えるべき照明の計画について、Chapter5では実際に使用する光源や機器の管理や取り扱いについて解説しています。また、Chapter6では昨今活発化

してきた照明のLED化リニューアルを中心に、これからの展示照明のために考えなくてはならないことや心掛けたいことをまとめています。

　照明は工学の一分野ですので理系のものだと思われ、皆さんからは敬遠をされがちですが、照明は経験工学ともいわれ、経験や感性がたいへん重要な分野でもあります。しかも、きまった照明器具で展示物に光をあてるぶんには、特別な知識はそう多くは必要ありません。ですので、学芸員の皆さんは臆することなく、どんどん照明に挑戦をしてください。なぜなら、作品の最大の理解者は、作家を除けば、学芸員の皆さんなのですから。
本書が、そのような挑戦をする学芸員の皆さんの助けとなれば幸いです。

2014年6月
藤原 工

学芸員のための展示照明ハンドブック
contents

Chapter 1　ミュージアム照明の基本的な考えを関係性から読み解く　1

Section 1　光と展示物と鑑賞者の関係から考える

- Stage1　展示物が見えるということ　2
- Stage2　光について知ろう　4
- Stage3　物について知ろう　6
- Stage4　人の視覚について知ろう　8
- Stage5　光→物の関係①　有害光線による損傷　10
- Stage6　光→物の関係②　損傷を防ぐための照度制限　12
- Stage7　光→物→人の関係①　光色（色温度）　14
- Stage8　光→物→人の関係②　色の再現性（演色性）　16
- Stage9　光→物→人の関係③　陰影が表現するもの　18
- Stage10　光→物→人の関係④　光が表現する質感　20

Section 2　空間と鑑賞者の関係から考える

- Stage11　鑑賞の空間とは？　22
- Stage12　空間の明るさとは？　24
- Stage13　空間の快適性と光　26
- Stage14　光色と空間の快適性　28
- Stage15　展示空間での不快な光－グレアと映り込み　30
- Stage16　眼は空間に合わせて常に変化する　32
- Column 1◆どの光が正解なのか？　34

Chapter 2　ミュージアム照明を展示手法からひもとく　35

Section 1　展示手法とミュージアム照明

Stage17　展示空間の構成を展示手法で見てみる　36

Stage18　ミュージアム照明を展示手法と照らし合わせる　38

Section 2　オープン展示

Stage19　建築照明としてのベース照明　40

Stage20　オープン壁面展示の照明手法　42

Stage21　壁面照明は空間を支配する　44

Stage22　余白の美と光のノイズ　46

Stage23　壁面展示が仕掛けるいくつかの罠　48

Stage24　オープン床面展示の照明手法　50

Stage25　360度鑑賞をする展示のチェックポイント　52

Stage26　壁を背負うときの光と影　54

Section 3　ケース展示

Stage27　ケース展示の種類と空間　56

Stage28　壁面ケースと照明　58

Stage29　壁面ケース照明の可変性①　60

Stage30　壁面ケース照明の可変性②　62

Stage31　壁面ケースにおける光の美意識　64

Stage32　ハイケースの照明　66

Stage33　覗きケースの照明　68

Stage34　展示ケース外からの照明　70

Column 2◆反射を防止するシート　72

Chapter 3　展示物からミュージアム照明を考える　73

Section 1　日本美術の照明

Stage35　日本美術への照明　74

Stage36　掛軸の照明　76

Stage37　屏風の照明　79

Stage38　仏像の照明　82

Stage39　やきものの照明　84

Stage40　日本画の照明　86

Section 2　西洋美術の照明

Stage41　油彩画の照明　88

Stage42　ガラス工芸の照明　90

Section 3　現代美術の照明

Stage43　現代美術における照明演出　92

Stage44　写真の照明　94

Section 4　自然科学系展示の照明

Stage45　自然系展示物の照明　96

Stage46　建築模型・ジオラマの照明　98

Column 3 ◆現代作家との照明　100

Chapter 4　照明計画と演出　101

Section 1　照明計画

Stage47　展示計画と光のイメージ　102

Stage48　展示空間を光で表現する　104

Stage49　照明計画とチェックポイント　106

Section 2　照明演出

Stage50　照明で演出してみよう　108

Stage51　演出のシステムと機器　110

Column4 ◆仏像をホームグラウンド（＝お堂）で照明する　112

Chapter 5　照明機材の取り扱いとライティング　113

Section 1　照明の管理

Stage52　照明を計測する機器たち　114

Stage53　実際に照度を測ろう　116

Section 2　照明機材とその扱い

Stage54　ミュージアム用光源＜ハロゲン電球＞　118

Stage55　ミュージアム用光源＜蛍光灯＞　120

Stage56　ミュージアム用照明器具＜スポットライト＞　122

Stage57　スポットライトの取り扱いとチューニング　124

Stage58　カッターライトの取り扱いとチューニング　126

Stage59　ウォールウォッシャの取り扱いとチューニング　128

Stage60　光のチューニング材料一覧　130

Section 3　ライティング基礎

Stage61　ライティングの手順　132

Stage62　ライティングのくみたて　134

Stage63　光をあやつりキメる　136

Stage64　ライティングのチェックと空間調整　138

　　Column5 ◆退化したのは技術か心か目なのか？　間違いだらけの LED 選び　140

Chapter 6　これまでの　これからの　ミュージアム照明　141

Section 1　ミュージアム照明は何を目指しているのか？

Stage65　日本のミュージアム照明はどう進化してきたのか？　142

Stage66　サステイナブルミュージアムの照明　144

Stage67　LED のミュージアム利用の可能性について　146

Stage68　ミュージアムの LED 選択基準　148

Stage69　ユニバーサルミュージアムのための照明　150

Section 2　これからのミュージアムへ

Stage70　照明リニューアルを推進しよう　152

Stage71　照明力を鍛えるワン・トゥ・スリー　154

出典一覧　156

参考書・参考ウェブサイト　160

知っておきたい照明の基本用語　161

あとがき　163

索引　164

ブックデザイン───安田あたる

chapter 1
ミュージアム照明の基本的な考えを関係性から読み解く

ミュージアムにおいて照明は、鑑賞者が作品を鑑賞するためには欠かせないものです。Chapter1 では、この鑑賞するという行為が何によって成り立っているのか、人・物・空間・光とそれぞれの関係性から考えます。

Section 1 ◆ 光と展示物と鑑賞者の関係から考える
Section 2 ◆ 空間と鑑賞者の関係から考える

Chapter 1 ミュージアム照明の基本的な考えを関係性から読み解く

Section 1 光と展示物と鑑賞者の関係から考える

Stage 1 展示物が見えるということ

　物が見えるということは、光によって照らされた物質から反射（もしくは透過）した光が人の目に入り、水晶体を通じて眼球底部にある網膜を刺激し、その信号が大脳に伝達されることで知覚されることをいいます。つまり、光・物（展示物）・人（視覚）の関係性により、鑑賞は成り立っているのです（**図 1-1**）。まずはこれらの関係から鑑賞について考えていきましょう。

展示物の見え方は千差万別・多種多様

　図 1-1 を見ればわかるように、光・物・人の条件のどれか一つでも変われば見え方は変化します。極端にいえば同じ光でも、昼間の太陽光とロウソクの炎では物の見え方が大きく異なります。展示物でも、金屏風とブロンズ像が違うものに見えるのは当たり前ですが、同じモチーフを描いた絵画でも、油彩画と岩絵具を使った日本画では、確実に違って見えます。また、人の視覚でも、夜の暗さに慣れた視覚の状態と昼間の明るい屋外に慣れた視覚の状態では物の見え方が大きく異なります。このように、光・物・人のどの条件でも変わってしまうと物の見え方に大きく影響することになるのです。

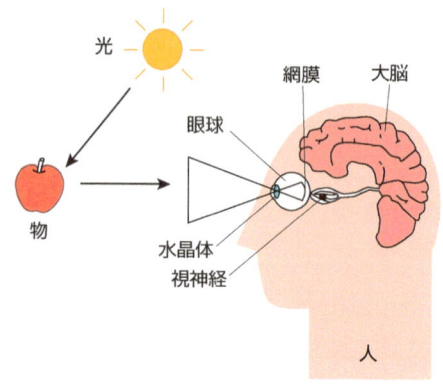

図 1-1　光・物・人の関係

鑑賞するということ

　見るという人の行為は、ほとんどの活動で必要とされる、なくてはならない行為の一つですが、なかでも、その行為を極限まで高めたものが美術鑑賞です。美術鑑賞においては、鑑賞者は展示物を隅から隅まで微に入り細にわたり、それこそ穴があくほどじっくりと鑑賞します。そのような鑑賞するという行為を支える重要な要素がミュージアム照明です。人と物という条件は簡単には変えられませんが、光は手を加えることが可能な要素です。とはいえ、人や物について十分に理解していないと適切な光で照明することもできません。

　Section 1では、このような鑑賞のベースとなる光・物・人についてポイントを説明し、鑑賞について考えていきたいと思います。

展示物が見えるということ　　**Stage 1**

Chapter 1 ミュージアム照明の基本的な考えを関係性から読み解く

Section 1 光と展示物と鑑賞者の関係から考える

Stage 2 光について知ろう

　物を見ること、つまり人の視覚に刺激を与えるためには、光が必要です。光には太陽などの自然光だけでなく、蛍光灯のような人工光もあります。では、これらの光の違いは何なのでしょうか？　当たり前のように身の回りに存在するだけに、光について深く考える機会はほとんどないでしょう。ここでは、この知っているようで知らない光について、簡単に説明したいと思います。

光は紫外線と可視光線と赤外線の三兄弟

　光は電磁波の一種であるといわれます。電磁波には光のほかにも、宇宙線やレントゲンで使用されるX線などがあります。電磁波の単位は波長（nm）で表され、簡単にいうと波と波の間隔（幅）のことを指します。この電磁波のなかで、私たちの目に見える光である可視光線は、380〜780 nmの波長範囲にある電磁波です（**図 2-1**）。可視光線より短い波長側に紫外線、長い波長側に赤外線があり、紫外線、可視光線、赤外線を合わせて広義の光と呼びます。ここで注意していただきたいのは、紫外線、可視光線、赤外線はまったくの別物ではなく、一連の電磁波であるということです。つまり、379 nmの光は紫外線ですが、380 nmの可視光線と性質

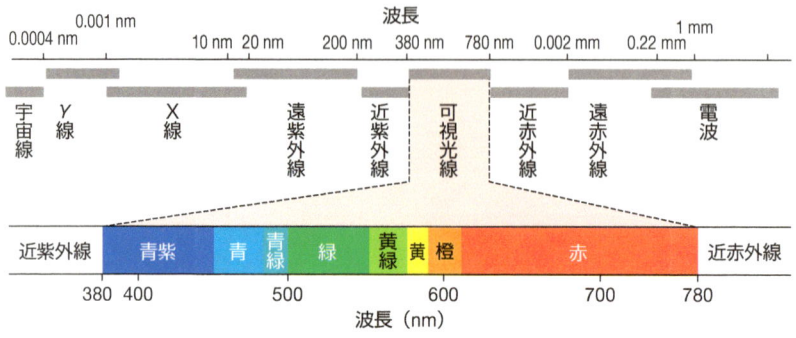

図 2-1　紫外線・可視光線・赤外線

はほとんど変わらないのです。可視光線と赤外線のあいだでも同様です。

自然光にはいろいろな波長の光が混ざり合っている

では実際に、私たちが目にしているのはどのような光なのでしょうか？その答えは自然界にあります。例えば、雨があがるときに現れる虹。虹は、光のなかの可視光線が空気中にある水滴のプリズム作用により波長ごとに分解されて現れる現象です。虹は赤橙黄緑青藍紫の7色のグラデーションで見えます。つまり、自然光のなかにはいろいろな波長の光が混ざり合っているのです。ほかにも、自然光で日焼けする現象からは自然光に紫外線が含まれていることや、自然光にあたると体が温まることからは自然光に赤外線が含まれていることがわかります。

光の性格判断は分光分布図で

このように光のなかに含まれる波長とその量によって、光の性質はある程度わかります。それを目に見える形にしたのが分光分布図です。分光分布は波長ごとの光の強さを分光測色計によって測定したもので、一般的には最大値を100とした相対値をグラフにして表します。グラフ化することで、その光のいろいろな傾向が一目でわかります（**図2-2**）。

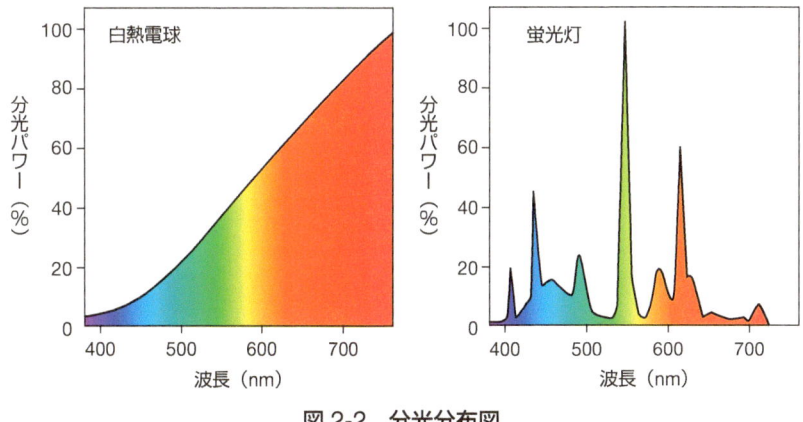

図2-2　分光分布図

Chapter 1 ミュージアム照明の基本的な考えを関係性から読み解く

Section 1 光と展示物と鑑賞者の関係から考える

Stage 3 物について知ろう

　展示物には油彩画、日本画、漆器、陶磁器、彫刻などいろいろなものがあります。それらを構成する材料には、石、金属、木、紙などのさまざまな素材、そしてさまざまな染料や顔料などがあります。これらの材料の違いを目で見ることによって私たちは物を判断しています。とはいえ、目では材質そのものが見えているわけではありません。実際には、色、光沢、凹凸など展示物の表面状態が見えているに過ぎないのです。ここでは目によって知覚される物について考えてみたいと思います。

目に見えている色とは何か

　物の色とは、光をあてられた物の表面から反射されて目に入る光によって知覚される色のことをいいます。つまり色とは、その物の表面が光のどの波長を反射し、どの波長を吸収するのかといった性質をいいます。例えば、青リンゴは赤色の波長成分を吸収し、青や緑色といった波長を反射する表面特性をもったリンゴであり、赤リンゴは青や緑色の波長を吸収し、赤色の波長をより多く反射する表面特性をもったリンゴということになります。このような特性情報を表したものに分光反射率グラフがあります。分光反射率グラフは分光測色計によって波長ごとに反射する強さを測定したもので、一般的には最大値を100とした相対値をグラフにして表します。グラフ化することで、その反射の傾向が一目でわかり、どのような色に見えるかを類推することができます（**図3-1**）。

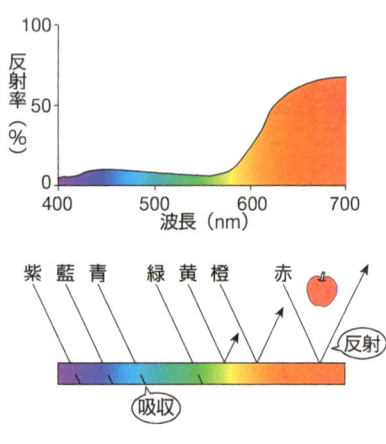

図3-1　赤リンゴの分光反射率グラフ

目に見える質感とは何か

　物の表面特性には色以外にも光沢、透過、凹凸などがあり、視覚によって物の材質感を認識する重要な要素になります。

　光沢とは、光の反射による物の表面の輝き方やつやのことです。光沢は、物の表面反射特性によって知覚されます。光沢感は一般的に、表面の鏡面反射率、拡散反射率、そして鏡面反射のぼやけ具合によって表されます。

　透明感は一般的に、表面の陰影による光の屈折感と背景の透過度によって認知されます。例えば**図 3-2** では、左から右にいくほど半透明になっていきますが、これら3枚の画像のハイライトはほぼ同じで、陰影のぼやけ方のみが違っているのがわかると思います。

　凹凸感は、陰影のできかたで認知されます。また陰影のコントラストは、光沢感や透明感にも大きな影響を与えます。

　展示物の表面特性をどう知覚するかで、鑑賞者が認識する材質感は変わります。鑑賞者が視覚のみで適切に材質感を認知するためには、これら表面特性にマッチした光が必要です。

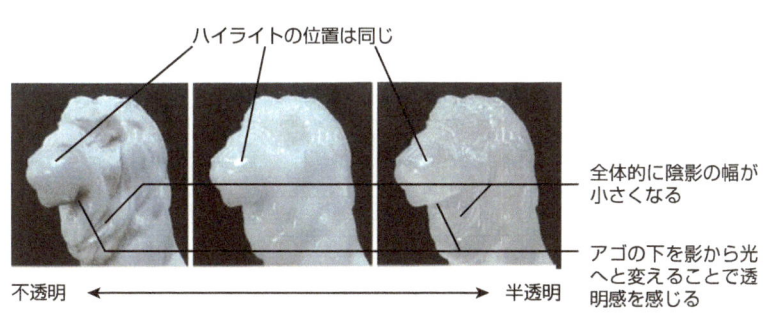

図 3-2　表面特性による見え方の違い

Stage 4　人の視覚について知ろう

Chapter 1　ミュージアム照明の基本的な考えを関係性から読み解く

Section 1　光と展示物と鑑賞者の関係から考える

　人の五感である、視覚・聴覚・嗅覚・味覚・触覚。このなかで、視覚は目を感覚器として光の情報を知覚しています。視覚はほかの感覚よりもずば抜けて受け取る情報量が多く、五感が受け取る情報量全体のおよそ8割を占めるといわれています。光は目に入ると、水晶体でピントが合わされて、網膜に像を結びます（図4-1A）。そして、ここで光の情報が電気的信号に変換されて、脳へ送られているのです。

光の三原色と目の三錐体は似て非なるもの

　光の受像体である網膜には、1億個以上の視細胞が点在しており、視細胞は大きく桿体と錐体に分かれます（図4-1A）。桿体は光の強さに反応する視細胞で、1 lx程度以下の暗い場所ではたらき、解像度も低いため、鑑賞にはあまり関係しません。一方、錐体は光の波長（色）を三つに分けて反応する視細胞で、周囲が明るいときにはたらきます。網膜の中心部により多く位置するため解像度は高く、鑑賞に大きく関係します。人の錐体細胞には、S錐体、M錐体、L錐体の3種類が存在し、反応する波長域がそれぞれ異なり、便宜上、青錐体、緑錐体、赤錐体と呼ばれています（図4-1B）。色の知覚では、これら三錐体から送られてきた信号が演算され、

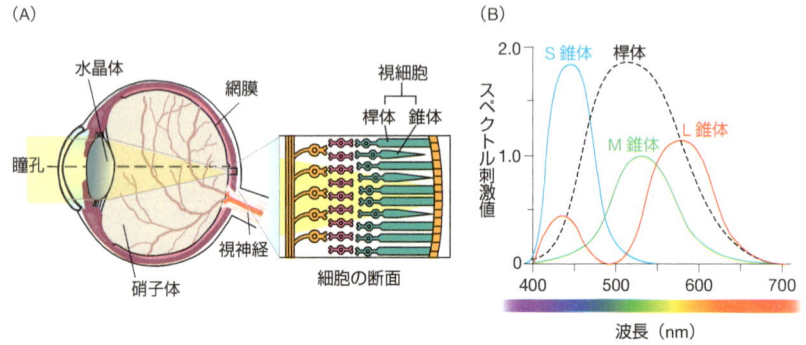

図4-1　視細胞（A）とその感度曲線（B）

黄青感覚、輝度感覚、赤緑感覚の三つの感覚に置き換えられてから脳に送られます（**図 4-2**）。これら視細胞の反応波長を積算し、人の目が光の波長ごとの明るさを感じる強さを数値化してグラフで表したものが標準比視感度（人の目が明るさを感じる度合い）曲線です（**図 4-3**）。最も強く反応する波長 555 nm をピークとして、その相対値で表しています。このグラフを見るとわかるように、人の目は、可視光線の波長範囲である 380 〜 780 nm の波長の光に対して反応し、紫外線や赤外線には反応しないようにできています。この標準比視感度は国際照明委員会（Commission Internationale de l'Eclairage, CIE）と国際度量衡総会で規定された国際基準値です。光の量を測る照度計では、受光部の相対分光応答度特性が、この標準比視感度に一致することが理想とされています。

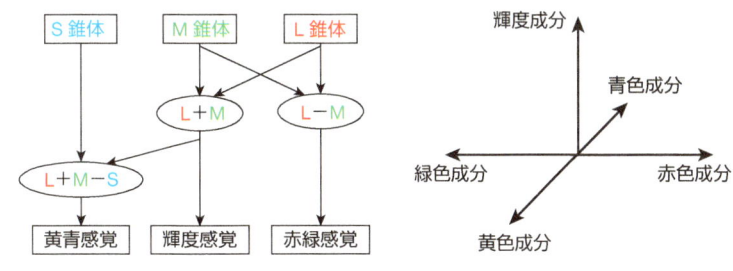

図 4-2　三錐体による色覚

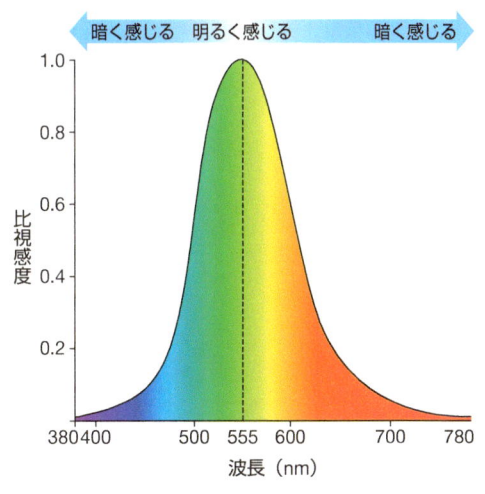

図 4-3　標準比視感度曲線

Chapter 1　ミュージアム照明の基本的な考えを関係性から読み解く

Section ❶　光と展示物と鑑賞者の関係から考える

Stage 5　光→物の関係①　有害光線による損傷

　可視光線とその両脇にある紫外線と赤外線。それらには展示物を損傷する力があります。紫外線は肌の日焼けや目の障害を起こすものとして知られ、赤外線には人や物を温める作用があることは周知の事実です。窓辺に置かれた本や壁に貼ったポスターの色がすすけ、紙がごわごわになっていった思い出は誰にでもあります。展示物がそのようにならないために、光による損傷に対して細心の注意を払わなければなりません。

破壊力が強い紫外線と、浸透力が強い赤外線

　紫外線は可視光線よりも波長が短く破壊力のある光線です。例えば、絵具の色素やセルロースなどの有機物を破壊します。それにより、色が変褪色し、紙などがボロボロになるのです（**図 5-1A**）。この破壊力は、波長が短いほど強くなります。それを実験により明らかにしたのが米国商務省標準局のハリソンらです。1950年代に新聞紙などの紙の印刷物を使った実験により、変褪色に対する作用スペクトル関数を導き出しました。それをグラフに表したものが**図 5-1B**の曲線です。損傷度は紫外線域にピークがあること、可視光線でも損傷することがグラフから見てとれます。ミュージアム照明が紫外線をカットするだけでなく照度制限もしているのは、可

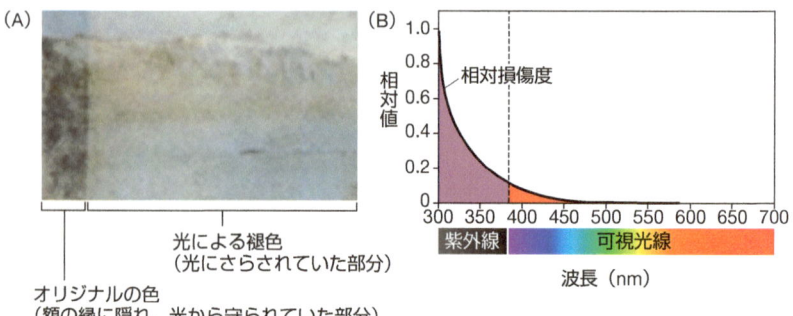

図 5-1　光による褪色（A）と損傷の分光特性（B）

視光線による損傷を抑えるためなのです（Stage 6）。

　赤外線は物の内部に浸透し、物を温めます。ほとんどの物質は温まると膨張し、冷えると収縮します。照明による膨張と収縮の繰り返しにより物質が疲労して展示物の一部が破壊されたり、膨張率の異なる材料間では剥離が引き起こされることがあります。また、温度の上下変動にともなう相対湿度の変化が有機材料の水分交換による呼吸を引き起こし、紙などにヨレやシワが発生することがあります。

有害光線の作用程度のチェック

　紫外線や赤外線などの有害光線は、ミュージアム照明ではカットするのが基本です。しかしそれだけでは十分ではありません。ハリソンの作用スペクトル関数が示すように、紫外線に近い可視光線は紫外線と同様の作用をもちますし、赤外線側においても、可視光線側に近い赤外線は可視光線と同様の作用をもちます。つまり、光の成分全体で作用力を見極める必要があります。損傷に関しては紫外線強度と変褪色損傷係数、温める作用に関しては放射照度で確認します（**表 5-1**）。

表 5-1　蛍光灯と電球の紫外線強度と変褪色損傷係数、放射照度

	光　源	紫外線強度	変褪色損傷係数	放射照度
蛍光灯	美術・博物館用 Hf 蛍光灯 （演色 AAA 電球色・L-EDL・NU）	0.00	0.008	10
	美術・博物館用 Hf 蛍光灯 （演色 AAA 白色・W-EDL・NU）	0.00	0.010	
	美術・博物館用 Hf 蛍光灯 （演色 AAA 昼白色・N-EDL・NU）	0.00	0.012	
電球	白熱電球（100 形）	3.20	0.015	57
	ハロゲン電球（一般型 100 形）	3.80	0.013	56
	ダイクロイックミラー付 ハロゲン電球（12V50W）	2.10	0.011	13

紫外線は 275〜380 nm の範囲としている。紫外線強度の単位は（$\mu W/cm^2$）/1000 lx、放射照度の単位は（$mV/m^2 \cdot lx$）。

Chapter 1 ミュージアム照明の基本的な考えを関係性から読み解く

Section 1 光と展示物と鑑賞者の関係から考える

Stage 6 光→物の関係②　損傷を防ぐための照度制限

　展示物を構成する材料は、紫外線や赤外線といった有害光線だけでなく、可視光線によっても損傷します。損傷の程度は材料によって異なるため、材料を分類して、それぞれに照度制限を設けています。また、多くの作品には複数の材料が用いられており、その場合は、最も損傷を受けやすい脆弱な材料を基準として、照度を制限します。

照度制限の基本的な考え方

　日本では、JIS（日本工業規格）と照明学会で推奨照度を設けていますが、JIS の照度は大まかなため、通常は照明学会の推奨照度が用いられます（**表 6-1**）。展示物は大きく3カテゴリーに分類され、最も厳しく照度を制限されるカテゴリーの推奨照度は、50 lx（120,000 lx·h/y）以下です。これは、展示物のいちばん明るい照度が 50 lx 以下、かつ1年間の照射時間をかけた累積照度が 120,000 lx·h 以下ということです。では、作品の展示期間が

表 6-1　博物館における各国・機関の推奨照度

光放射への敏感さ	照明学会（日）(1999)	ICOM（仏）(1977)	IES（英）(1970)	IES（米）(1987)
非常に敏感 織物、衣装、水彩画、つづれ織、印刷物や素描、切手、写本、泥絵具で描いたもの、壁紙、染色皮革など	50 lx (120,000 lx·h/y)	50 lx できれば低いほうがよい （色温度：約 2,900 K）	50 lx	120,000 lx·h/y
比較的敏感 油彩画、テンペラ画、天然皮革、角、象牙、木製品、漆器など	150 lx (360,000 lx·h/y)	150〜180 lx （色温度：約 4,000 K）	150 lx	180,000 lx·h/y
敏感でない 金属、石、ガラス、陶磁器、ステンドグラス、宝石、ほうろうなど	500 lx	特に制限なし ただし、300 lx を超える照明を行う必要はほとんどなし	—	200〜500 lx

ICOM：International Council of Museums, IES：Illuminating Engineering Society

短く、累積照度が小さくなるときは、照度を例えば 50 lx から 100 lx に上げてもよいのでしょうか。答えは No です。ある光量を境に化学的損傷が飛躍的に高くなることが多々あるからです。照度制限は、照度（lx）と累積照度（lx·h）のダブルスタンダードを基本としなければなりません。

第4のカテゴリーの出現

現在用いられている照度制限は、40年前から用いられている数値です。40年前というと、ミュージアム照明専用の蛍光灯が使われ始めた頃で、長年その数値が見直されることはありませんでしたが、2004（平成 16）年に国際照明委員会（CIE）から展示物の光による損傷のレポートが提出されました。そこでは、いちばん脆弱な第4のカテゴリーが新設されており、照度は 50 lx、年間累積照度が 15,000 lx·h/y 以下と制限されています（**表 6-2**）。これを、照度 50 lx、開館時間 10 時間で計算すると、年間 30 日しか展示できないことになります。年間累積照度による展示物管理が重要になってきています。

表 6-2　材料の応答度分類に関する制限照度 [lx] と年間累積照度 [lx·h/y]

光放射への敏感さ	制限照度 [lx]	年間累積照度 [lx·h/y]	
高応答度	50	15,000	光に対する応答度が高い材料を含むもの。 例：絹、非常に変質しやすいとされている色素、新聞。
中応答度	50	150,000	光に対する応答度が中程度である、変質しやすい材料を含むもの。 例：衣装、水彩画、パステル画、タペストリー、印刷物や素描、原稿、染めた皮革、植物標本や毛皮や羽毛を含むほとんどの歴史的自然物など。
低応答度	200	600,000	光に対する応答度がわずかな、耐久性のある材料を含むもの。 例：油彩画やテンペラ画、フレスコ画、染めていない皮革や木、角、骨、象牙、ラッカーなど。
応答なし	無制限	無制限	すべて不変の材料で構成され、光に対する応答度がないもの。 例：ほとんどの金属、石、ほとんどのガラス、純粋な陶磁器、ほうろう、ほとんどの鉱物。

Chapter 1 ミュージアム照明の基本的な考えを関係性から読み解く

Section 1 光と展示物と鑑賞者の関係から考える

Stage 7 光→物→人の関係①　光色（色温度）

　光にはいろいろな波長成分がありますが、通常私たちの目で波長成分をそのまま見ることはできません。私たちの目は、それら波長が混ざり合った光しか見ることはできないのです。このようにいろいろな波長が混ざり合った光のことを白色光と呼びます。白色光には、温かみのある白色光から青みがかって澄んだ白色光まで、いろいろな段階があります。これら白色光の色みを物理的・客観的に数字で表したものが色温度であり、単位はK（ケルビン）です。ロウソクの色温度は 1,800 K 程度、青空の色温度は 12,000 K 程度で、数字が大きいほど青白く、数字が小さいほど温かみのある光色となります。

展示物には要求する光色がある

　日常、私たちは、ロウソクや日没時の 2,000 K 弱の色温度から青空の 12,000 K 程度の色温度の範囲で生活をしています（**図 7-1**）。なかでもミュージアムにおいては、一般的に電球色と呼ばれる 2,700 K 程度から昼白色と

図 7-1　色温度について

呼ばれる 5,000 K 程度の色温度の範囲の光が使われています。人の目は、ある程度の範囲ならばニュートラルな光色に感じるように目の感度を自動的に調整しますが（色順応）、展示物にあたった光のすべてがニュートラルに感じるまでには調整されません。例えば、昼間の風景を描いた絵画に電球色の暖かい光色の光をあてれば、昼下がりの景色になりますし、青磁を電球色で照明すれば、青磁というよりも緑磁といった風情になります。このように、展示物には、ふさわしい光色というものがあります。

光色によって画面の明るさ感が変化する

　展示物と光色のマッチングは、画面の明るさ感にも影響します。実際に、クロード・モネ作「サン＝タドレスのテラス」のポスターを 3,000 K と 4,000 K の美術・博物館用蛍光灯で照明して、画面の明るさ感の比較実験を行いました（**図 7-2**）。

　実験の手順としては、2 枚の同じポスターを並べて展示し、まず、左側のポスターを 4,000 K のランプを用いて 100 lx で照明し、続いて、右側のポスターを 3,000 K のランプを用いて同じ明るさに感じるように調光してもらうというものです。結果、多くの被験者が、右側を 150 lx 前後の照度に設定したのです。この作品においては、3,000 K の電球色よりも、4,000 K の白色のほうが 1.5 倍明るく感じるということになります。これは、この作品に 4,000 K の光色がマッチしたため極端に違いが出た例ですが、多くの場合、光色が展示物とマッチングすると展示物が明るく感じることになります。

4,000 K、100 lx

3,000 K、100 lx

図 7-2　明るさ感の比較実験

Stage 8　光→物→人の関係②　色の再現性（演色性）

　ミュージアムでは損傷のことを考慮して展示物に対する明るさを制限しています。特に光に対して脆弱な展示物は 50 lx 以下という著しく低い照度で鑑賞することになります。低照度下での鑑賞では展示物が見づらく、色みにおいても細やかな色調の見分けは困難になります。低照度下でもミュージアムではありのままに見るための光の質が求められ、特に色においては再現性の高い光源の使用が必要とされます。

演色性とは

　光による色の見え方の程度を表す指数が、演色評価数です。演色評価数は試験用の色票を基準光と評価される光源で照らしたときの色ずれを測定して数値化したものです。基準光は、自然光をもとに国際照明委員会（CIE）がつくりだした合成昼光（CIE 昼光）と黒体放射を使用します。演色評価には、平均演色評価数（Ra）と特殊演色評価数（R_1 〜 R_{15}）があり、色の再現性を判断する場合、両方を合わせて考慮する必要があります（図 8-1）。というのは、平均演色評価数（Ra）は R_1 〜 R_8 の平均値であり、かつ、その色票 R_1 〜 R_8 は広い分光反射をもつ中間色であることから原色のような偏りのある色の演色性（R_9 〜 R_{12}）とは大きく異なる数値になる場合があります。例えば高演色 LED のなかには、平均演色評価数は Ra95 でありながらも、特殊演色評価数 R_9（赤）は 70 程度というものもあります。

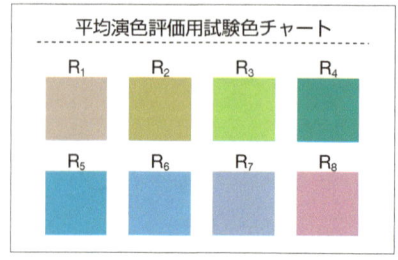
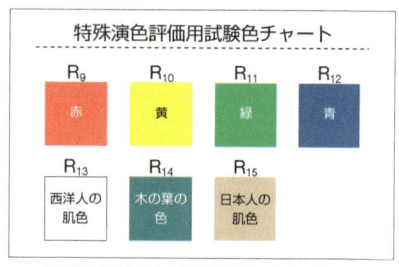

※印刷の都合により実際の色票とは若干異なります。

図 8-1　演色評価用試験色

特殊演色評価数は平均値ではなく、一つの色票ごとに判断します。なかでも特徴的な試験色（R_9〜R_{15}）の評価数は重要です。

演色性が高いこと

ミュージアムでは、演色性の高い光源を用いなければなりません。一般的にミュージアムでは、平均演色評価数 Ra90 以上が必要とされます。特に美術館では平均演色評価数 Ra95 以上で、かつ、R_9〜R_{15} も 90 以上が望ましいとされています。

ミュージアムで使用されてきた代表的な光源を**表 8-1** にまとめます。表を見ると、ハロゲン電球は Ra も R_9〜R_{15} もすべて 100 で理想的な光源ですが、光色が限られてしまうこと、美術・博物館用蛍光灯や超高演色 LED は、Ra は高くても R_9 や R_{12} が低い場合もあることがわかります。高い演色性と最適な色温度の両立した光源を選択する必要があります。

表 8-1　ミュージアムで使用されてきた代表的な光源

		色温度 (K)	平均演色評価数 Ra	R_9	R_{10}	R_{11}	R_{12}	R_{13}	R_{14}	R_{15}
ハロゲン電球	一般ハロゲン電球	2,850	100	100	100	100	100	100	100	100
	ダイクロイックミラー付	3,000	100	100	100	100	100	100	100	100
蛍光灯	美術・博物館用 Hf 形電球色	3,000	95	87	92	93	85	99	95	97
	美術・博物館用 Hf 形白色	4,000	98	94	98	99	93	99	97	99
	美術・博物館用 Hf 形昼白色	5,000	99	94	95	96	89	95	98	95
白色 LED 青色励起タイプ	電球色	3,000	96	96	99	98	88	98	98	98
	白色	4,100	96	97	93	98	81	96	99	95
白色 LED 紫色励起タイプ	電球色	3,000	98	93	99	96	93	98	98	99
	白色	4,000	97	97	95	97	90	96	98	96
	昼白色	5,000	98	98	98	90	96	96	98	96

Section 1 光と展示物と鑑賞者の関係から考える

Stage 9　光→物→人の関係③ 陰影が表現するもの

　光が表現する展示物の重要な要素の一つに立体感があります。この立体感を表現するのが陰影です。例えば、白いピンポン玉を四方八方から照らして完全に影をなくしたら、球ではなく平面的な白い円に見えます。球であることを知覚するためには適度な陰影が必要なのです。また、陰影は立体感以外にもいろいろな知覚に重要な要素となります。

光がつくりだす陰影

　光によっていろいろな陰影をつくりだすことができます。陰影を表現する光の要素を簡単に表すと**図9-1**のようになります。発光部の大きさは陰影の幅や強さに、位置は陰影の範囲と方向に、配光は陰影の強さと範囲にそれぞれ関わります。実際には、このような光をいくつか使い分けて照明します。陰影のくみたては実際のライティングの第一歩といえます。

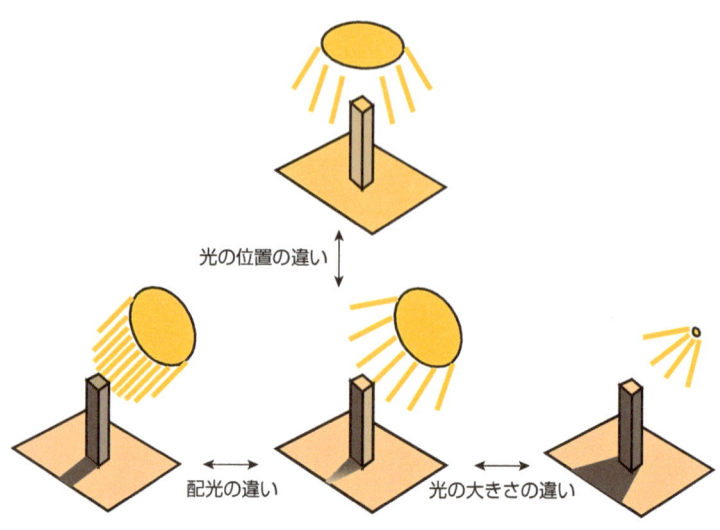

図 9-1　陰影を表現する光の要素

陰影のつくりだす感情

　感情表現のために表情に陰影をつけることは、よく使われる手法です。顔の陰影の具合次第で、いろいろな感情の類推を行います。単純化した例を能面で見てみましょう（**図 9-2**）。上から、横から、斜めから、下からの照明それぞれで、まったく違う表情を見てとれると思います。

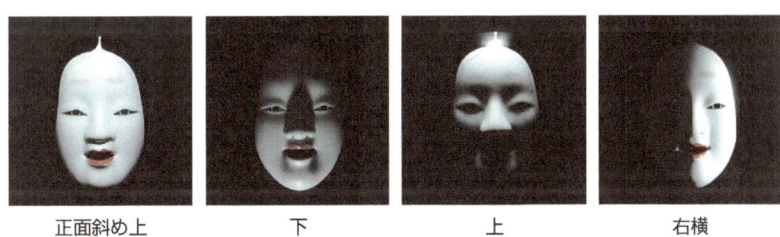

正面斜め上　　　　下　　　　　上　　　　右横

図 9-2　顔の陰影による表情の違い

作品と陰影のマッチング

　この陰影効果を逆から考えてみましょう。彫刻作品はすでに感情表現を施している場合が多いと思いますが、意図された感情表現に合わない陰影をライティングでつけてしまうとおかしなことになります。可能な限り作品の表現に沿った陰影をつけることが大切です（**図 9-3**）。

正面上　　　　右上　　　　正面上　　　　正面下
（角度が深い）　　　　　　（角度が浅い）

図 9-3　異なる方向からの彫刻作品への照明

Chapter 1 ミュージアム照明の基本的な考えを関係性から読み解く

Section 1 光と展示物と鑑賞者の関係から考える

Stage 10 光→物→人の関係④ 光が表現する質感

　光と影によって感じるものは立体感や感情だけではありません。実は日常でもいろいろな類推を私たちは行っています。例えば、目の前にガラスのコップがあったとします。私たちは手に取らずとも見ただけでガラスのコップだと類推します。このような材質の類推にも、光によって得られる細かな陰影や光沢、反射、透過などの表面情報が大きく関係しています。

ガラスなのか、アクリルなのか

　さて、ガラスですが、似て非なる素材にアクリルがあります。この見比べは難問で、だますことも容易な二つの素材です。正解であれ、不正解であれ、私たちは見ることでどちらの素材かの類推を行います。では、何をポイントに類推しているのでしょうか？　私たちは経験上、ガラスのほうがアクリルに比べて、重く、かたく、冷たいことを知っています。これらを表面に表れた光の状態によって感じ取り、ガラスであるかどうかを類推しています。簡単な見比べをしてみましょう（**図10-1A**）。陰影が強いほうが、重く、かたく感じます。また、光沢や陰影のシャープさが透明感や冷たさを感じさせます。これらによって、上のほうがガラスだと類推を行います。

キラメキを演出するもの

　ガラスもそうですが、金属器や宝飾品など、私たちはキラキラしているものに高級感を感じてしまうようです。例えばデパートの高級品売り場では、キラメキをつくりだすためのライティングを行っています。キラメキは、対象素材の表面反射特性と照らす光源の輝度や数、それらの反射によってつくりだされる素材表面の輝度分布によって感じます（**図10-1B**）。とはいえ、キラメキ＝高級というのも単純な図式であり、経験を積むことにより、キラキラしない高級感というものを私たちは学びます。この一つが金でしょう。金は使われ方でいろいろな表情を見せ、表情次第ではキラメ

キを強くすると逆に安っぽさをかもしだしてしまいますので注意が必要です。

かっこよさか質感表現か

これも単純な話ですが、私たちは陰影がないのとあるのとでは、陰影があるほうがかっこよく感じるようです。簡単な日常の例では、彫りの深い顔と平面的な顔です。どちらの顔のほうがかっこよく感じるかといえば、彫りの深い顔ですよね。これはミュージアムにおいても同じで、かっこよく見せようとすると、どうしても陰影が強くなる傾向があるようです。

よく使われる例をあげましょう。**図10-1C**はセーターの写真ですが、上は陰影を強く、下は陰影を弱くライティングしています。もしあなたが展示をするならば、どちらの光を選びますか？　もしあなたが着るならば、どちらのセーターを選びますか？　最初の質問では上を選ぶ方が多く、次の質問では下を選ぶ方がほとんどです。理由は、最初の質問ではかっこいいから、次の質問では柔らかそうだからです。かっこよさか、質感か？鑑賞者が作品に手を触れることができないミュージアムにとって、難しい問題です。

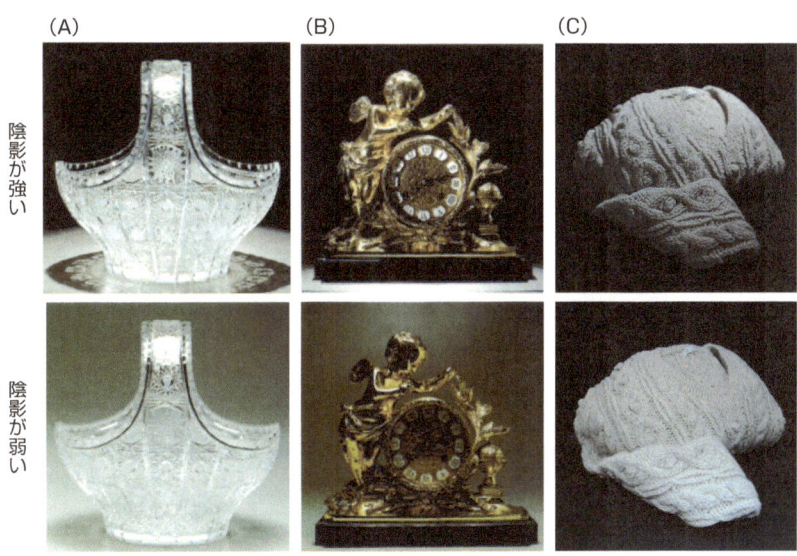

図10-1　陰影の強弱による質感の違い

Section ❷ 空間と鑑賞者の関係から考える

Stage 11 鑑賞の空間とは？

　ミュージアムでの満足感や感動は、そのほとんどが展示物によって呼び起こされますが、それらが展示されている空間も満足や感動を生みだすための大切な構成要素です。例えばヨーロッパでは、昔の邸宅や宮殿をそのままミュージアムに転用している施設が多く、展示物だけでなく空間も含めて来館者に満足感を与えています。そこでは、空間の装飾だけでなく、もともと人が居住していたという空間の快適性も来館者に作用しています。Section 2では、このような空間と鑑賞者との関係から、ミュージアム照明について考えていきましょう。

展示空間に求められること

　彫刻の屋外展示でない限り、展示物は建築内部で展示されます。建築は前述のように昔の建築を利用する場合もあれば、新築する場合もあります。昔の建築を利用する場合は、空間としては素晴らしいものの美術展示のための空間にはなっておらず、作品が見えにくい場合もあります（**図11-1**）。対して新築は、空間が美術展示を目的につくられており、鑑賞に特化したものとなっています。とはいえ、美術展示のみに配慮してしまうと、

図11-1　ギュスターヴ・モロー美術館（フランス）

鑑賞者にとっては暗くて快適でない空間になる場合が多いのも確かです。展示空間では、美術展示と鑑賞者の両方の快適性が求められます。

展示空間は変わるもの

　空間について考えてみましょう。建築内部を単純にとらえると、床・壁・天井に囲われた空間になります。構成要素としては、幅、高さ、奥行きといった大きさと、床、壁、天井それぞれの仕上げ内容があり、これらを視覚でとらえるには、光という重要な構成要素が加わります。展示空間では、これら構成要素が展示によって大きく変化します。照明は当然のこと、可動壁で空間が仕切られ、仮設天井がつくられ、壁紙や床材も展示に合わせて変わります。例えば空間の構成要素の大きさが、どれか一つだけ変わっても空間に対する感じ方が大きく変わります（**図 11-2**）。このように空間を変化させることで展示効果を上げることもできますが、空間における展示物と鑑賞者の快適性だけは担保しなければなりません。

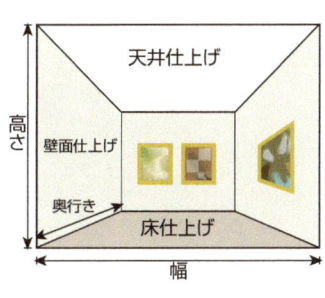
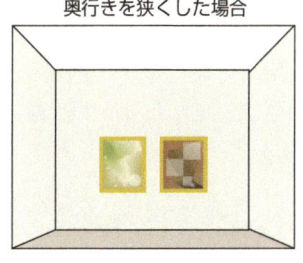

図 11-2　空間の構成要素

Chapter 1 ミュージアム照明の基本的な考えを関係性から読み解く

Section 2 空間と鑑賞者の関係から考える

Stage 12 空間の明るさとは？

　鑑賞者がほどよい緊張感を保ちつつ安心して鑑賞するためには、適切な空間の明るさ（照度）と明るさ感をつくりだす必要があります。ここでは明るさと明るさ感をキーワードに、空間と鑑賞者について考えたいと思います。

明るさと明るさ感

　展示物の推奨照度については Stage 6 で述べましたが、ミュージアムでは、展示エリアだけでなく、入口ホールなどのユーティリティエリアについても推奨照度が設けられています（**表 12-1**）。明るさを数値化する場合は、通常、照度（lx）という数値を使いますが、実際には、この照度という数値は、それを測るポイントに届く光の量を表しているに過ぎません。対して、人の目に感じる明るさ（明るさ感）は、その光が物体に反射して目に入る光の強さ（輝度。単位は cd/m^2）ですので、照度だけでなく、空間を構成する床・壁・天井の表面反射率も大きく関係します（**図 12-1**）。つまり照度は、展示物の損傷などを検討するには有効な数値ですが、明るさ感を判断する数値としては片手落ちです。空間の明るさ感の目安となる主要な素材の反射率を**表 12-2**にまとめます。

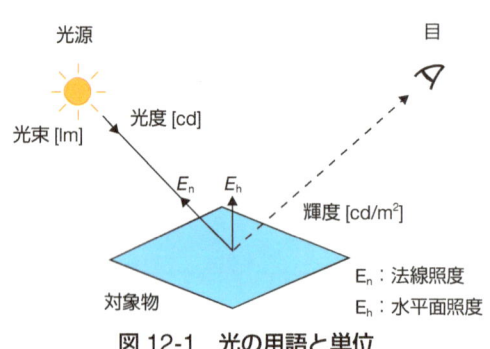

図 12-1　光の用語と単位

明るさ感を数値化する

　これまでも輝度は測定可能でしたが、非常に範囲の狭いポイントしか測ることができず、空間全体の明るさ感を判断するには不十分でした。最近

表12-1 美術館、博物館の照度基準

	領域または展示物の種類	E_m [lx]
展示エリア	ギャラリー全般 映像 光利用展示部	100 20 20
執務エリア	ホール 小会議室 研究室、調査室 教室	500 500 750 300
サービスエリア	売店、食堂 喫茶室	300 100
ユーティリティエリア	入口ホール 洗面所、便所 廊下 階段 ラウンジ 収納庫、収蔵庫	100 200 100 150 200 100

※ E_m [lx] は、維持照度のことで、ある面の平均照度を、使用期間中に下回らないように維持すべき値を表します。

表12-2 各種材料反射率

材料		反射率（％）
紙類	淡色壁紙、淡色襖紙一般	40～70
	濃色壁紙、濃色襖紙一般	20～40
	黒紙	5～10
衣類	白布：（木綿、麻）	40～70
木材	檜（新しいもの）	55～65
石材および壁材料	コンクリート、セメント瓦、淡色スレート	20～30
	白壁一般	55～75
床材料	畳（新しいもの）	50～60

では、カメラ技術を利用して空間の輝度分布を測定するシステムがつくりだされ、展示物や空間の光のバランスなどを一目で見ることが可能となりました（**図12-2**）。このような空間解析技術は、ミュージアムリニューアル時の現状調査や評価において活用されています（**図12-3**）。

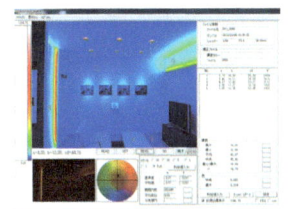

図12-2 空間輝度解析システム

 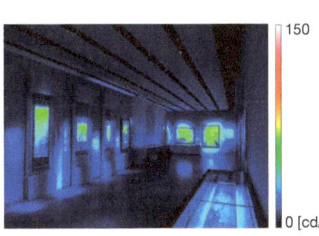

図12-3 山種美術館における空間輝度測定の例

Chapter 1 ミュージアム照明の基本的な考えを関係性から読み解く

Section 2 空間と鑑賞者の関係から考える

Stage 13 空間の快適性と光

　快適な空間をつくるには、適度な明るさ感が必要です。適度というからには何らかのコントロールが必要なわけですが、コントロールを行うとしたら床・壁・天井のどれが有効だと思いますか？　答えは、鑑賞者の視野範囲をいちばん大きく占めるところ、つまり壁です（**図 13-1**）。このStage では、空間の快適性を生みだす壁の光について考えます。

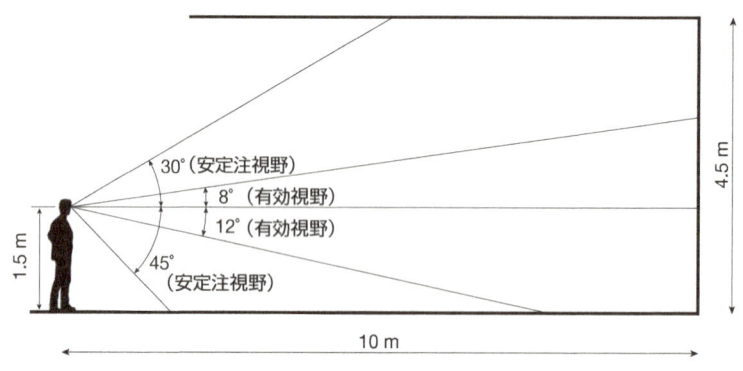

図 13-1　人の視野範囲

壁の明るさのバランスについて

　壁の明るさ感をつくりだすいちばん簡単な方法は、壁をガンガンに照らすことですが、さすがに展示室ではそうはいきません。明るさに制限のあるなかで効果的に空間を演出するには、展示壁の明るさのバランスを変えることが効果的です（**図 13-2**）。例えば、上から下にかけて徐々に暗くなるのは、オーソドックスで自然な印象を与えます。逆に下から上にかけて徐々に暗くなる壁は、落ち着いた印象を与えます。全体が均一に明るいと、光に包まれたフラットな印象を与えます。また、暗くなる面積の割合で空間の重さをコントロールすることができます。壁面の明るさの状態を少し変えただけでも大きく印象が変わることがわかると思います。

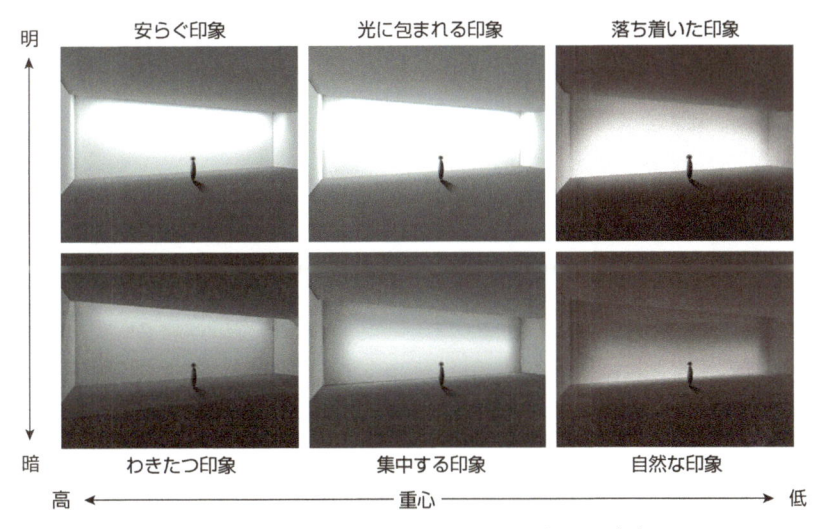

図 13-2　展示壁の明るさのバランスと与える印象

サバンナ効果

　人は移動する先が明るいと安心して進むことができます。対して、奥が暗いと不安になり、先に進むことへの心理的負担が大きくなります。このような心理効果はサバンナ効果と呼ばれています。サバンナ効果では、鉛直面（壁）の明るさが重要です。例えば、展示室において、順路の先に壁の明るさが垣間見えると鑑賞者に安心感を与えます（**図 13-3**）。展示室のなかにこのような壁を効果的に配置することで、快適な展示空間をつくりだすことができます。

図 13-3　サバンナ効果

Chapter 1 ミュージアム照明の基本的な考えを関係性から読み解く

Section ❷ 空間と鑑賞者の関係から考える

Stage 14 光色と空間の快適性

　レストランとオフィスを思い浮かべてください。それらの空間の光の質の違いの一つに、光色（色温度、Stage 7）があると思います。オフィスや学校は色温度の高いクールな光、対してレストランは色温度の低い暖かい光です。それはつまり、空間によって求められる光色が異なるということです。

光色に対する感覚は共通？

　先ほど、色温度の高いクールな光、色温度の低い暖かい光と述べました。なぜ、青白い光＝クール、オレンジの光＝暖かいと感じるのでしょうか？ 実はこのような色温度に対する涼しい／暖かいという感覚は、個人差や地域・季節の違いによって多少のずれはありますが、世界的にだいたい共通です。JISでは色温度と温涼感の関係について、色温度が5,300 K以上では涼しいと感じ、逆に3,300 K以下では暖かい感じがするとしています。

光色と空間のマッチング

　特に光色については、明るさとも心理的なマッチング関係にあります。例えば、照度があまり高くない落ち着いたホテルのバーをイメージしてください。そこは暖かな光とクールな光のどちらがマッチしますか？　逆にたいへん明るいパサージュはどちらの光がマッチするように思いますか？　暗めの空間（ホテルのバー）→暖かい光、明るい空間（パサージュ）→クールな光というのは万国共通のマッチングイメージのようです（**図14-1**）。これは、人類の進化の過程において、明るい光＝太陽光＝高い色温度、暗い光＝炎＝低い色温度という光のなかでの生活が長く続いたからともいわれています。そう考えると、低い色温度の光は、下方にあり、高い色温度の光は上方にあるほうが落ち着く人が多いのも、低い色温度＝炎＝地面、高い色温度＝太陽＝空といった長い経験からかもしれません。

　明るさと光色の快適性の関係について、実験を通じて明らかにした人が

図 14-1　色温度の低いバー（左）と高いパサージュ（右）

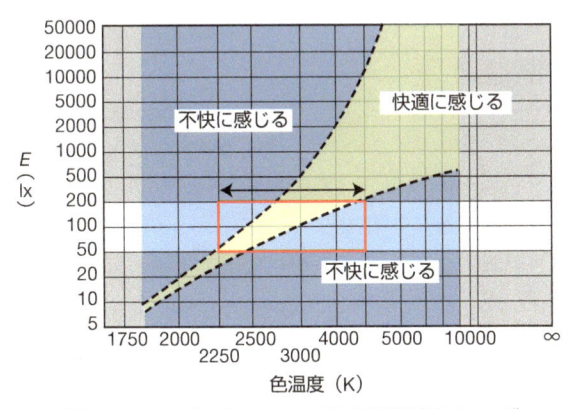

図 14-2　クルイトフによる快適領域のカーブ

図 14-3　色温度の低い展示室（左、2,700 K）と高い展示室（右、4,500 K）

オランダの物理学者クルイトフです。クルイトフは 1941 年に快適領域のカーブを発表しました（**図 14-2**）。これを見るとミュージアム空間に多く見られる 50 〜 200 lx の快適な色温度は 2,250 〜 4,500 K となります（**図 14-3**）。

Chapter 1 ミュージアム照明の基本的な考えを関係性から読み解く

Section 2 空間と鑑賞者の関係から考える

Stage 15　展示空間での不快な光—グレアと映り込み

　快適な空間をつくりだすためには、快適な光を求めるとともに、不快な光を取り除くことも必要です。不快な光には、演色性が悪い光、光色が悪い光、配光の悪い光、物によって生じる影などいろいろとあるのですが、ここでは展示空間において展示物の見えを著しく損なう不快なまぶしさ「グレア」と「映り込み」について解説したいと思います。

グレアと映り込み

　展示空間における光は、可能な限り存在感を消した黒子のようでなくてはなりません。しかし、多くのミュージアムでは黒子のようであるどころか照明がいたるところでギラギラし、存在感を主張しています。不快なまぶしさには、照明器具そのものから発生する「グレア」と、展示ケースや額に反射して発生する「映り込み」があります。グレアは、照明の位置を変えたりグレアを軽減するルーバーやフードを用いて抑えることができますが、ミュージアムには、額や展示ケースなどガラスが多く存在し、かつガラスの内側に置かれた作品の明るさも低いため、映り込みを抑えるのは手間がかかります。どのような場合にグレアや映り込みが生じるのかを図15-1 に示します。

映り込みと鑑賞者の位置関係

　図15-1 を見るとわかると思いますが、映り込みは鑑賞者とガラスと照明の位置関係により生じますので、照明器具の位置をきちんと設定すれば多くの場合避けられる問題です。これらの位置関係を図15-2 に示します。
　この考え方は、ガラスの映り込みだけでなく、ニス仕上げや照りが強い油彩画などの映り込みにも有効です。ただ、この場合はガラスなど平滑面の正反射ではないので、図15-2 よりも光の影響を受ける範囲は広くなるので注意が必要です。

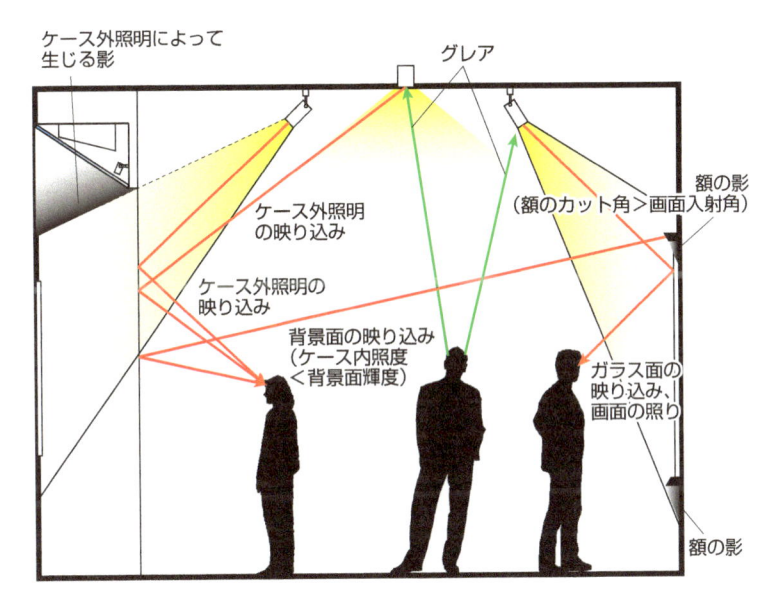

図15-1　グレアと映り込み

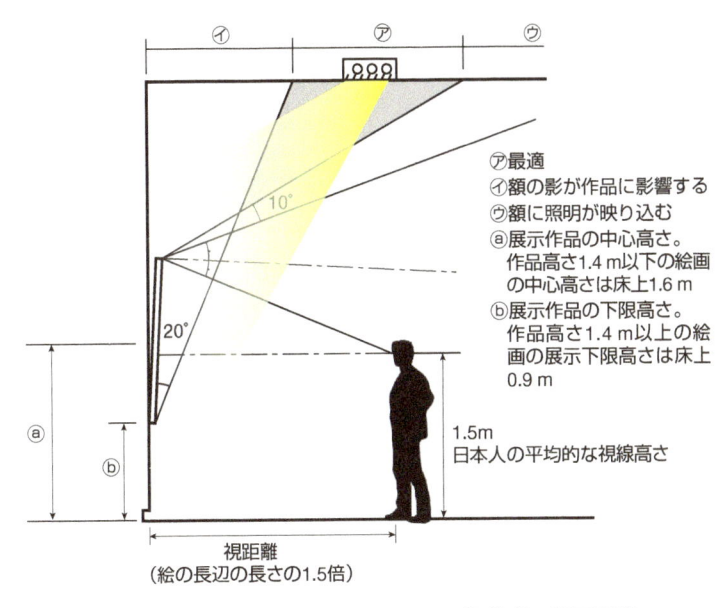

（図中ラベル）
- ケース外照明によって生じる影
- グレア
- ケース外照明の映り込み
- ケース外照明の映り込み
- 背景面の映り込み（ケース内照度＜背景面輝度）
- 額の影（額のカット角＞画面入射角）
- ガラス面の映り込み、画面の照り
- 額の影

図15-2　映り込みを考慮した照明と鑑賞者の位置関係

ⓐ最適
ⓘ額の影が作品に影響する
ⓦ額に照明が映り込む
ⓐ展示作品の中心高さ。作品高さ1.4 m以下の絵画の中心高さは床上1.6 m
ⓑ展示作品の下限高さ。作品高さ1.4 m以上の絵画の展示下限高さは床上0.9 m

1.5m　日本人の平均的な視線高さ

視距離（絵の長辺の長さの1.5倍）

展示空間での不快な光—グレアと映り込み　Stage 15

Chapter 1 ミュージアム照明の基本的な考えを関係性から読み解く

Section ❷ 空間と鑑賞者の関係から考える

Stage 16 眼は空間に合わせて常に変化する

　私たちの目（眼）は、焦点を合わせたり、明るさの変化に対応したり、外界を知覚するために常に調節をしつづけています。特にミュージアムでは、短い焦点距離が連続し、かつうす暗い空間が多いため、眼を酷使するといわれます。グレア対策はもちろんですが、眼に優しい空間づくりがミュージアムには求められています。

順応について

　眼は外界の変化に常に対応しています。その一つが暗順応です。暗順応は、明るい空間から暗い空間に移り変わったときに、その暗さに対応するために瞳孔を開いて採り入れる光の量を増やし、かつ視細胞の感度を上げることにより、視力を確保するはたらきのことです。暗順応にかかる時間を図 16-1 に示します。暗順応には 30 分程度の時間がかかります。とはいえ、ここまで長い時間を考慮するわけにはいかないので、暗順応の第 1 段階が終わる 5～6 分を昼間の外光空間から暗い展示室内への順応時間と考え、照明計画や展示計画を考えるとよいでしょう。

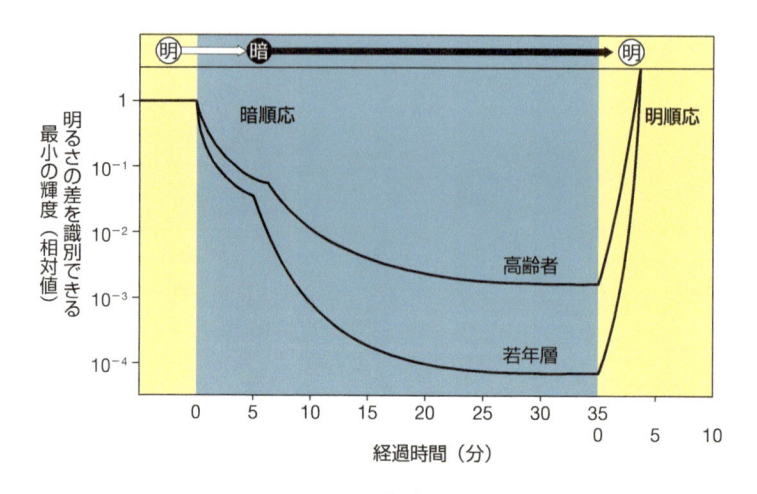

図 16-1　順応にかかる時間

色順応について

　順応は明るさや暗さに対してだけ起こるのではありません。実は色に対しても順応を行っています。これを色順応といいます。

　色順応は実生活では意識しにくい生理的な反応の一つです。色順応は、例えば赤い光を見ていると、徐々に赤に対する視細胞の感度を落として眼に見える世界をニュートラルなものにしようと補正します。そうして赤色に対して眼を順応させた後に白い壁を見た場合、その壁は通常より緑みがかって見えます。これは、赤の感度を下げたために、補色である緑が強く見えるように順応したためです。実際に昼間の外光空間から室内空間に入る場合、室内空間の光色の色温度が低ければ低いほど、その空間はより赤く感じます（**図 16-2**）。条件により多少の誤差はありますが、実験をしたところ、6,000 K の空間に順応した後に 3,000 K の空間に切り換えると、だいたい 500 K ほど色温度を低く感じるようです。

　入館時には、暗順応と色順応が同時に行われています。そのような順応の振り幅を考えて光の計画を立て、来館者の眼に優しいミュージアムづくりをしましょう。

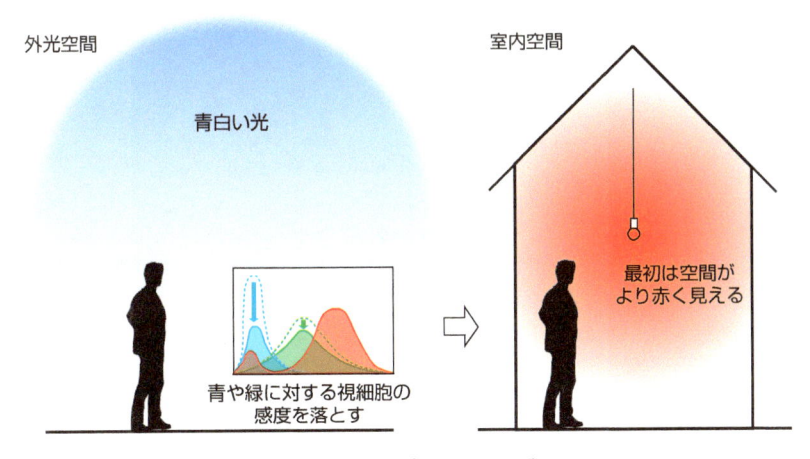

図 16-2　色順応のメカニズム

column ❶ どの光が正解なのか？

　作品を照らすときに、よく聞かれることがあります。やっぱり制作当時のあかりで照らすのが正解ですよね？　と。そして話に出てくるのが蝋燭のあかり。実際に蝋燭のあかりで照らして火事になったらエライことですので、ちょっと見果てぬ夢です。ただ、実際に作家たちがそのような暗い手元で制作してきたのか？　と考えれば、さすがに自然光の下で制作していたはず。なので、制作当時を考えれば、自然光に近い光で照明するのがいちばんということになります。しかし、実際に使われるシチュエーションはどうかと聞かれれば、日本の美術工芸は、どうもあかりを意識して制作されているものが多いのも事実。

　そのような作品たちを、昔のあかりのように照らせないか？　このような試みは、以前からいろいろとされております。一つは蝋燭に近いあかりで照らす方法。上の写真は山口県立美術館の日本画展示室ですが、蝋燭の炎に近い色温度の光で屏風をユラユラと照らすことができます。もう一つは、実際に蝋燭で見る方法。高知県の土佐赤岡絵金祭りでは、現在も蝋燭のあかりで絵金の絵を見ることができます（下2枚の写真）。

山口県立美術館　日本画展示室

作品名：伊達競阿国戯場　累
　　　　（だてくらべおくにかぶき　かさね）
所　蔵：高知県香南市赤岡町本町二区

須留田八幡宮神祭風景
作品名：「伊賀越道中双六　岡崎」（いがごえ
　　　　どうちゅうすごろく　おかざき）
所　蔵：高知県香南市赤岡町・門脇家

chapter 2

ミュージアム照明を展示手法からひもとく

　ミュージアム空間では、いろいろな展示物がそれこそいろいろな方法で展示されています。展示手法は細かく分類すると数多くありますが、大きくいくつかの類型に分類することができます。そして、ミュージアム照明は展示手法によって、使用する機器や手法が異なります。Chapter2 では、展示手法からミュージアム照明について考えます。

Section 1 ◆ 展示手法とミュージアム照明
Section 2 ◆ オープン展示
Section 3 ◆ ケース展示

Chapter 2 ミュージアム照明を展示手法からひもとく

Section ❶ 展示手法とミュージアム照明

Stage 17 **展示空間の構成を展示手法で見てみる**

　展示という行為は展示照明と同じく、保存と鑑賞の両立が求められます。ですので、光以外にも温度・湿度環境を適切に保ち、虫害や防犯などに注意しながら展示物を守るための機能が必要とされます。それらの必要とされるレベルは展示物によって異なります。

　このような保存と鑑賞に必要な機能を組み合わせて、いろいろな展示手法が生みだされました。ここでは展示手法を分類しつつ、各展示手法の特徴についてまとめてみたいと思います。

展示手法の大分類

　展示手法を展示の状態から大きく分けると、展示物を空間内に露出させて展示するオープン展示方式と、展示物を展示室のなかにさらに設けた閉鎖空間である展示ケースに入れて展示するケース展示方式になります（図17-1）。ケース展示はオープン展示に比べ、日本美術など、より高い保存機能が必要とされる展示物を展示する方式です。特に温湿度管理が重要な

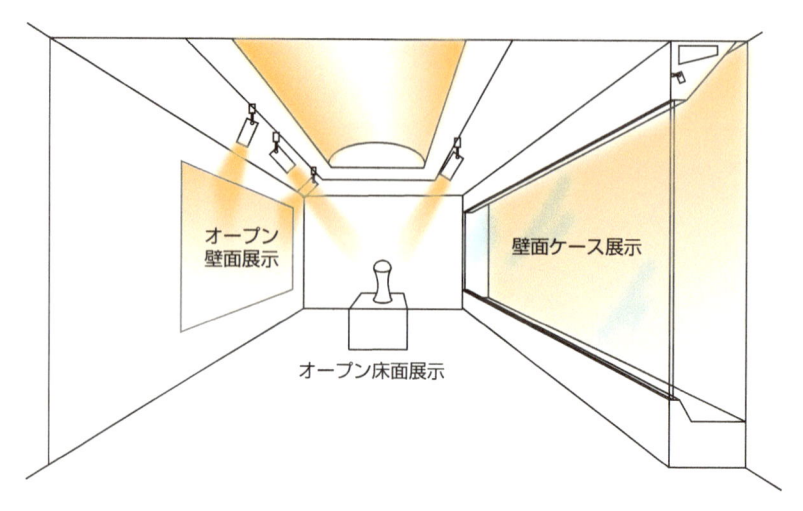

図17-1　展示手法の分類

表 17-1　展示手法の小分類

	オープン壁面展示	オープン床面展示	
オープン展示	油彩画や日本画などの絵画・写真	彫刻を中心とした立体物	
	壁面ケース展示	ハイケース展示	覗きケース展示
ケース展示	屏風・掛軸など	陶磁器・ガラス工芸・漆器など	巻物・資料類

展示物は、ケース展示のなかでも、エアタイトケースと呼ばれる空気の流出入をできるだけ抑えたケースが用いられています。

展示手法の小分類

　これら二つの展示手法は、さらにいくつかの展示手法に分類されます（**表17-1**）。展示物の表現方法、大きさ、素材、状態などによって、どの展示手法を選択するかが決まります。例えば、油彩画などの額絵は、ほとんどオープン壁面展示になります。ただし、額にガラスやアクリルがない場合は、ケースに入れることもあります。彫刻などは素材が無機物の場合、ほとんどオープン床面展示になります。ケース展示では、屏風や掛軸など大型の日本美術作品は壁面ケースに展示されることが多く、漆器、やきものなどはハイケース、巻物などは覗きケースに展示されます。

Stage 18 ミュージアム照明を展示手法と照らし合わせる

Section ❶ 展示手法とミュージアム照明

　これからミュージアム照明を展示手法別に見ていきましょう。その前に、まずはミュージアム照明の照明手法と機器について簡単に説明したいと思います。照明手法と機器は密接な関係にあり、照明手法によって選択できる機器は制限されますし、機器によって選択できる照明手法の可／不可があります。

照明手法の分類

　照明手法は大きく分けると、空間全体を照らすベース照明と壁面を中心に照らすウォールウォッシャ照明、展示物を中心に照らすスポット照明になります（図 18-1）。展示により、ベース照明とウォールウォッシャ照明、スポット照明はそれぞれ単独で用いられたり、組み合わせて使用したりします。ベース照明にも大きな空間用のベース照明もあれば、小さな展示ケース内部用のベース照明もあり、ウォールウォッシャ照明やスポット照明も展示手法によって適宜機器が選択されます。

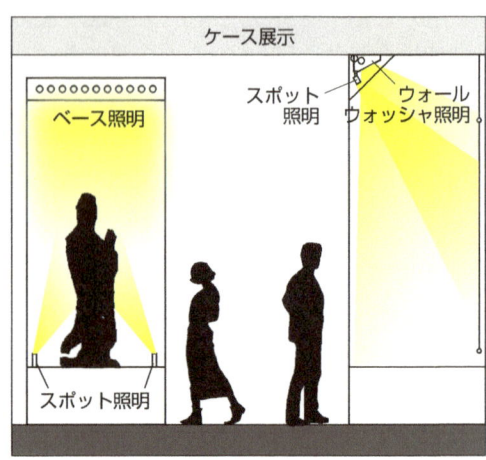

図 18-1　照明手法

照明手法と主な照明機器

　照明手法を踏まえつつ機器を大きく分類すると**表18-1**のようになります。このようにいろいろな照明や機器が使い分けられて展示空間の照明を構成しています。それぞれの照明手法、機器には特徴があり、得意・不得意や使ううえで気をつけなければならないポイントがあります。特徴やポイントを知ることにより、より精度の高い展示照明をつくりあげることができるのです。

表18-1　照明手法による照明機器の分類

	ベース照明		ウォールウォッシャ照明	スポット照明
オープン展示	建築化照明（光天井）	直接照明（ベースライト）	ラインウォッシャ	スポットライト
オープン展示	建築化照明（間接照明）	直接照明（ダウンライト）	単体ウォールウォッシャ	ユニバーサルダウンライト
ケース展示	ルーバー照明		ウォールウォッシャ（壁面ケース用）	光ファイバースポット
ケース展示	拡散パネル照明			ミニスポット（LED）

Chapter 2 ミュージアム照明を展示手法からひもとく

Section ❷ オープン展示

Stage 19 建築照明としてのベース照明

　照明機器には、建築設備として設置されていて動かすことのできない照明機器（建築照明）と、スポットライトのように自由に設置できる機器があります。なかでもオープン展示におけるベース照明は建築と一体化された照明であり、ミュージアム空間を左右するといっても過言ではありません。まずはオープン展示の大前提となるベース照明を見ていきたいと思います。

ベース照明の分類

　ベース照明は天井の形状によりいろいろな照明手法と機器があります（**表19-1**）。広い範囲に渡って天井全体が発光しているような建築化照明と、ダウンライトなどの照明機器をそのまま生かした直接照明に分けられます。特に美術館では意匠性の高い建築化照明が使われることが多くあります。

建築化照明の良い点と欠点

　建築化照明のなかでも多く見られる「光天井」と「間接照明」について解説します（**図19-1**）。どちらも広い範囲の天井が発光するため、空間全体の明るさ感を高め、開放的な空間を形成するには効果的な手法です。しかし、一見、空間全体を効率的に照らしているように見えますが、光を平

表19-1　ベース照明の分類

建築化照明		直接照明	
光天井	間接照明	ベースライト	ダウンライト
光源は直管蛍光灯など。高照度空間に最適。ゾーン分割は苦手。	光源は直管蛍光灯など。雰囲気照明によい。照度確保は非効率。	光源は直管蛍光灯など。効率的な照明方法。映り込みに注意。	光源はハロゲン電球など。部分的な照度確保によい。映り込みに注意。

面的にとらえると、周辺部と中心部では大きな照度差があります。一方、立体的に考えると、天井に近いほど照度が高く（明るく）、床に近いほど照度が低く（暗く）なります。また展示空間を可動壁などで仕切る場合には、光天井、間接照明を点滅、調光するゾーンと可動壁で仕切るゾーンがずれると光源を抜くなどの対処が必要になり、大変なことになります。

ベース照明の使用上の注意点

ベース照明は空間全体の明るさを得るためには必要な照明ですが、反面、展示照明としては問題となる点があります。なかでも展示ケースや額のガラスにベース照明の光が反射する映り込みには注意が必要です。

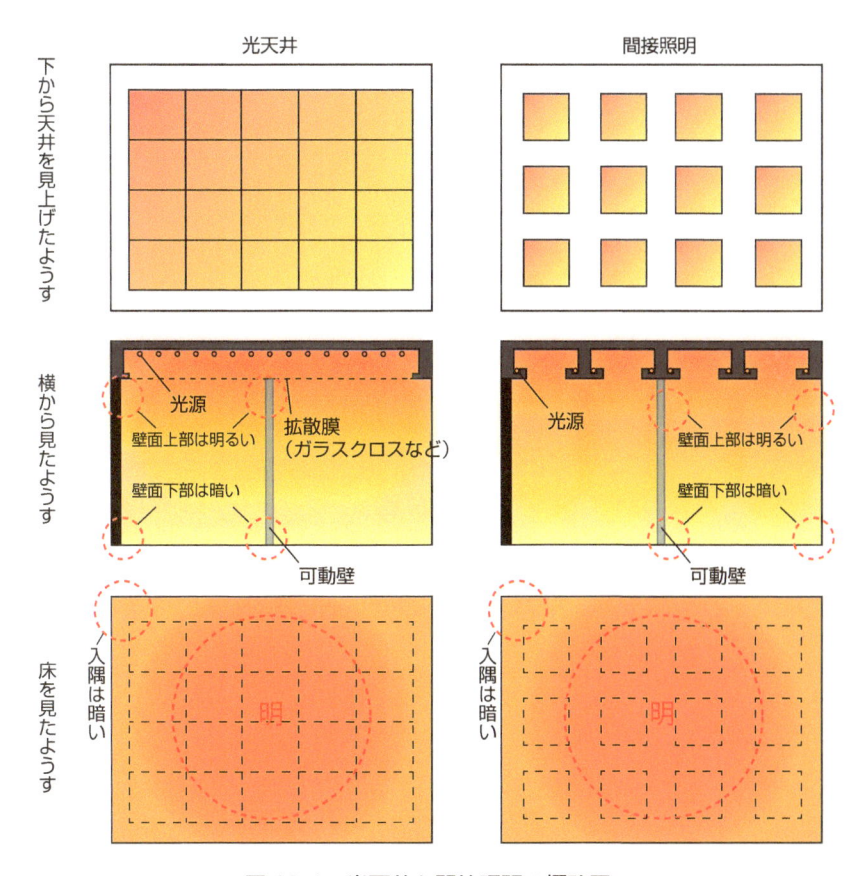

図 19-1　光天井と間接照明の概略図

オープン壁面展示の照明手法

絵画などを壁に展示するオープン壁面展示は、ミュージアムにおいていちばんオーソドックスな展示手法です。壁面展示に対する照明方法には、ベース照明、ウォールウォッシャ照明、スポット照明などがあり、単独使用、もしくは併用されます。

ベース照明による壁面照明

ベース照明で空間全体とともに壁面も照明する場合があります。この手法は壁面上部、左右方向では中央付近の照度が高くなるので注意が必要です（**図 20-1**）。

ウォールウォッシャ照明による壁面照明

ウォールウォッシャ照明は壁全体を均一に照らす照明で、壁面のためのベース照明ともいえる手法です（**図 20-2**）。この均一さを表す数値として、測定範囲のなかの最小照度を最大照度で割った「均斉度」が使われます。よい均斉度の目安は、中心部の上下の有効展示範囲で均斉度 0.7 以上です。

ウォールウォッシャは壁面に沿って設置されるために、器具の存在感が

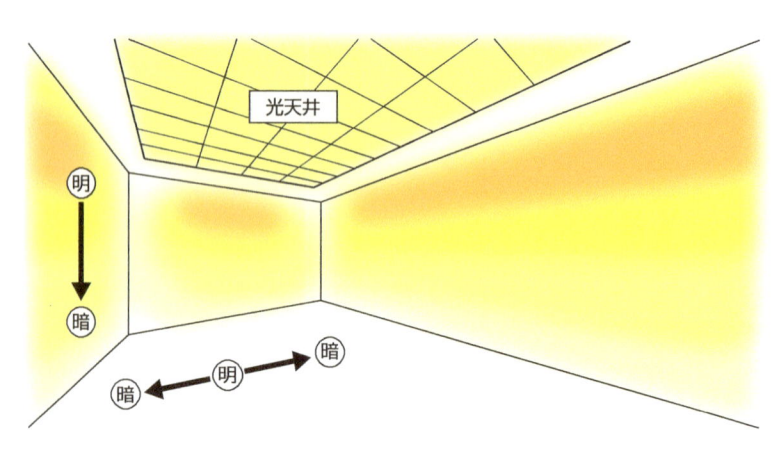

図 20-1　ベース照明（光天井）による壁面照明

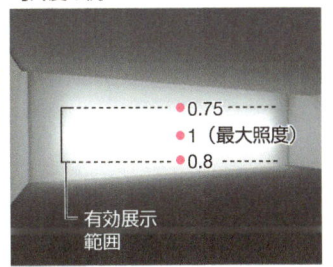

図20-2　ウォールウォッシャ照明による壁面照明

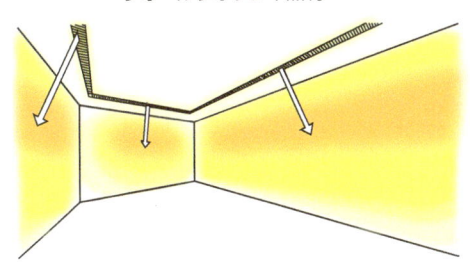

あります。器具の存在感をなくすには、壁面近くの天井を1段折り上げるなどの工夫をします。

スポット照明による壁面照明

　スポット照明は作品を中心に照らす照明です。天井に取り付けたライティングレールにスポットライトを取り付けて照明します。配光は作品に合わせて選択しますが、光は壁面単位で整えていくと空間が端正になります（**図20-3**）。また、スポットライトにはウォールウォッシャ兼用タイプもあり、可動壁などイレギュラーな壁面全体を照らすのに用いられます（**図20-4**）。

　これら壁面照明は、壁面における均斉度を高くすることが最重要ポイントですが、できるだけ器具の存在感をなくすこともよい展示空間をつくるためのポイントです。

図20-3　スポット照明による壁面照明①

図20-4　スポット照明による壁面照明②

Section ❷ オープン展示

Stage 21 **壁面照明は空間を支配する**

　美術館の壁には、作品だけでなく、キャプションやパネルなどいろいろなものが掲示されており、作品と同様にそれらも照明されます。その照明は、それら作品や掲示物の周囲、つまり壁面も同時に照らすことになります。意外と気にかけられていない、これら作品周囲の光をコントロールすることが空間をコントロールする第一歩なのです。

壁面照明で空間をコントロールする

　作品を含めた壁面全体が明るいと、光に満ちたような清々しい空間に見えます。壁面の上部の光を落とすと、落ち着いた雰囲気になります。作品のみを照らすと、緊張感の高い空間になり、作品を中心に照らした光が連続すると、リズミカルな空間になります。さらにこれら光の状態だけでなく、光色や照度を組み合わせていくと、より多くの表情をつくりだすことができます（**図 21-1**）。展覧会のコンセプトに合わせて、このような光の表情をつくりだすことにより、鑑賞者は自然に展覧会の世界へと入り込んでいくことができます。

作品と壁面の色

　壁の重要な要素の一つに色があります。壁面の色選択は空間を左右する大きなポイントです。例えば、壁面の明度や彩度を高くすれば空間は明る

光の重心を低くした照明。静かで落ち着いた空間。　　全体が均一な照明。明るく清々しい空間。　　作品を中心にした照明。リズミカルな空間。

図 21-1　壁面照明による光の表情

明るい壁面　　　　　　　　　　　暗い壁面

図 21-2　壁面の明度・彩度による差異

くなりますが、作品は沈みがちになります。逆に壁面の明度や彩度を低くすれば作品は浮かび上がりますが、空間は暗く感じます（**図 21-2**）。

　色自体の選択も重要です（**図 21-3**）。例えばブリティッシュ・グリーンを使うと、イギリス的な空間イメージを連想させます。また、作品の中心となる色の補色を壁面に使用することで、作品を際立たせることも可能です。とはいえ、壁面の色が照明によって浮かび上がりすぎると空間全体がその色に染まってしまいますので、壁面に主張の強い色を使うときは、明度や彩度を抑え、照明もできるだけ作品以外の壁面を照らさないように気をつけます。

　それ以外にも、赤い壁面はハロゲン電球との相性がよく空間につやが出るといったこともあります。壁面に色を使う場合は、壁面の色と光のマッチングがたいへん重要です。

図 21-3　壁面の色の選択

Chapter 2 ミュージアム照明を展示手法からひもとく

Section ❷ オープン展示

Stage 22 余白の美と光のノイズ

　作品だけでなく、作品の外側に広がる壁面の余白を美しくすることは、空間の快適性を高め、落ち着いて鑑賞するために重要です。そのために必要なのが光を整理するという行為です。では実際に、光を整理するにはどうすればよいのでしょうか？　逆に整理されていない光というのは、どのような光なのでしょう。ここでは光の整理のポイントについてまとめます。

光のノイズ

　壁面に見られる光のノイズ。それは例えば作品周囲の壁にまぎれ込んだ気まぐれな光です。無作為な光は、作品に集中したいのにどうしても気になってしまうものです。上のほうを照らしたり下のほうを照らすことにより光の山が上下したり、光色や明るさが不揃いであったり、変な影が現れ

バラバラな明るさと大きさの光によるノイズ

壁際のスポットライトによって現れたノイズ

ウォールウォッシャをまたぐ可動壁に現れたノイズ

上下のバラツキ

可動壁のノイズ

図22-1　光のノイズ

たりといった光の不協和音を「光のノイズ」といいます（**図 22-1**）。

　光のノイズはなぜできるのでしょうか？　最大の原因はライティングに気を配っていないからですが、逆に展示作品の照明に集中するあまり発生してしまう場合もあるので気をつけてください。

作品と余白の光のバランスをとる

　連作でない限り、作品は大きさが異なる場合がほとんどです。例えば10号の絵画と30号の絵画が並んでいたらどう照明しますか？　大きい絵画には広い角度の光を、小さい絵画には狭い角度の光をあてたくなるのが人情ですが、そうすると壁面の光がバラバラになりますし、光源がハロゲン電球の場合は調光レベルの違いで光色も違ったものになります。ですので、同じ壁面に展示された作品は、できるだけ同じ手法、器具、配光で照明したほうが空間のバランスはよくなります。ほかにも照度については、例えば50 lxで照明された水彩画の横の油彩画は、照度制限の150 lxギリギリで照明せずに、100 lx程度の光で照明し、ハロゲンスポットの場合は色温度変換フィルターを用いるなどして全体のバランスをとるようにします（Stage 62）。

　光のノイズを減らし、かつ光をコントロールすることで、よりよい展示空間をつくりだすことができます（**図 22-2**）。

入隅のノイズをなくした例

連作の照明

上下のバラツキをなくした例

図 22-2　光のノイズを減らした例

余白の美と光のノイズ｜Stage 22　47

Chapter 2　ミュージアム照明を展示手法からひもとく

Section ❷　オープン展示

Stage 23　壁面展示が仕掛けるいくつかの罠

　壁面照明の最大のポイントは、どのように光を整えるかですが、それだけでは終わらない問題もいくつか存在します。例えば、壁際で、作品やキャプションと覗きケースが隣接している場合などは、覗きケースへの光の影響にも配慮しなければなりません。作品の展示状態によっては照明との位置関係が最適にならない場合もあります。

多段掛けの罠

　壁の面積に対して作品数が多い場合、絵画を2段、3段と多段に掛けて展示する場合があります（**図23-1**）。ちょうど、ヨーロッパの邸宅みたいに壁一面を使って展示するイメージですが、そのような多段掛けを行う場合に注意すべき点がいくつかあります。

① 作品によって光の明るさにバラツキが出やすい
② 上段の作品は照明器具が映り込みやすい
③ 下段の作品は影が長くなるので、額が深い場合は額の影が作品に入り込みやすい
④ 照明する灯数が増えると影が多重にできて光のノイズとなる
⑤ 作品間が影になる場合が多いので、キャプションの位置を作品全体a

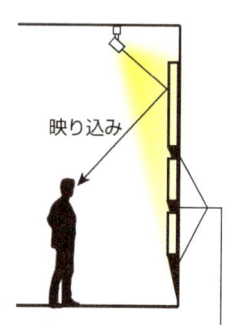

図23-1　多段掛け　　　　図23-2　多段掛けのポイント

の横に密集させることになる

通常のライティングは大型作品の場合と同じと考えて問題ありませんが（Stage 63）、作品との位置関係に注意して影を整理することが重要です（図 23-2）。

可動壁・仮設壁の罠

　壁面展示では、動くことのない固定壁への展示だけでなく、任意の場所に移動できる可動壁や展覧会ごとに設置する仮設壁などに展示する場合があります。そのような可動壁・仮設壁への照明は、スポットライトで対応することになるので、ライティングレールを前もって設置しておくか、壁に合わせてその都度仮設します。

　可動壁・仮設壁で注意すべきポイントは、壁の後ろや横にも展示空間があり、鑑賞者がいるということです。例えば、可動壁・仮設壁の上に隙間がある場合は、その隙間を通して器具が見えてグレアになります。また、壁の脇への光漏れは、動線上を移動する鑑賞者へのグレアとなり、床にも壁の影が強く出て空間のノイズとなります（図 23-3A）。これらについては、器具の設置位置や光の向きを考慮するか、器具自体にグレアカットのフードを取り付けたり、器具をカッターライトにするなどして対応します（Stage 25）。固定壁と直交する可動壁・仮設壁は、固定壁をウォールウォッシャで照明した場合に、その光が可動壁・仮設壁の壁面上部に光のノイズをつくりますので（図 23-3B）、その部分のみランプを抜くなどして消灯させることで対応します。

(A) 動線の先にあるグレア
可動壁の影が床にノイズとなって現れる

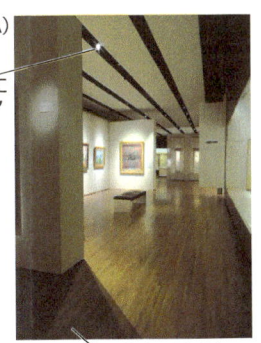

(B) 可動壁にできた光のノイズ

図 23-3　可動壁・仮設壁の注意点（最終調整前の状態）

Section ❷ オープン展示

Stage 24 オープン床面展示の照明手法

　彫刻などの立体物を屋内に展示するオープン床面展示は、ミュージアムでよく見られる展示手法です。床面展示に対する照明は、ベース照明、スポット照明が基本となります。展示物が、大理石やブロンズなど無機素材だけの場合には、自然光をベース照明とする場合もあります。

ベース照明によるオープン床面照明

　床面展示には、無用な影をつくりださない拡散光で、かつ発光面積の大きい光が最適です。照明方式では天空のようなイメージの光天井が適しています（図24-1）。

スポット照明によるオープン床面照明

　床面展示に対応するスポット照明は、鑑賞者に対するグレアや展示物の足元にできるうるさい影をつくらないように注意が必要です。そのため、スポットライトと作品の位置関係や機種選定が重要になります。とはいえライティングレールの位置は自由にならないので、展示構成を考えるときに作品の展示位置を考慮します。ちょうどよい位置にライティングレール

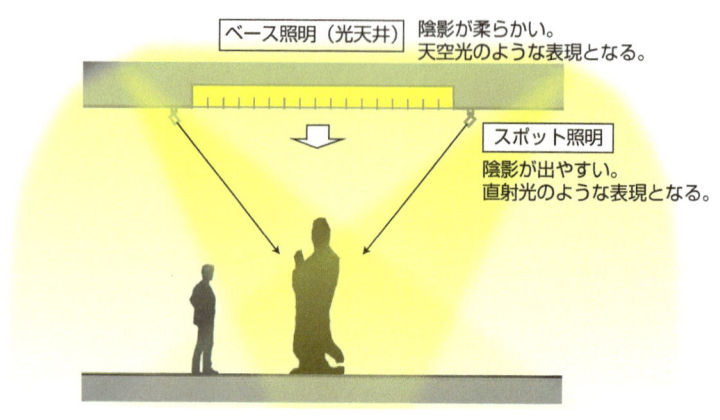

図24-1　オープン床面展示の照明手法

がない場合は仮設します。器具も1台だけでは反対側は影になってしまいますので、展示物を中心に、複数台でライティングすると展示物の表情をつくりだすことができます。その場合、照明の反対側では鑑賞者にグレアを感じさせてしまいますので、入射角や器具選択に注意を払います。彫刻の場合、基本的な光の入射角は30～40°程度が理想です（**図24-2A**）。

下部補助照明

作品の表情をつくりだしたり、光が届きにくいところに光をあてるために、下方から照明を補助的に行う場合があります。設置位置は、床面もしくはステージ上になります。ただし、オープン展示の場合は、鑑賞者との距離が近いので、光量を最小限に抑え、コンパクトな形状で存在感をなくし、グレア対策も必要となります（**図24-2B**）。

床面展示は照明手法に対する制限は少なく自由な照明が可能ですが、照明と作品と鑑賞者の位置関係によってグレアや光のノイズが出やすい展示手法ですので注意が必要です。

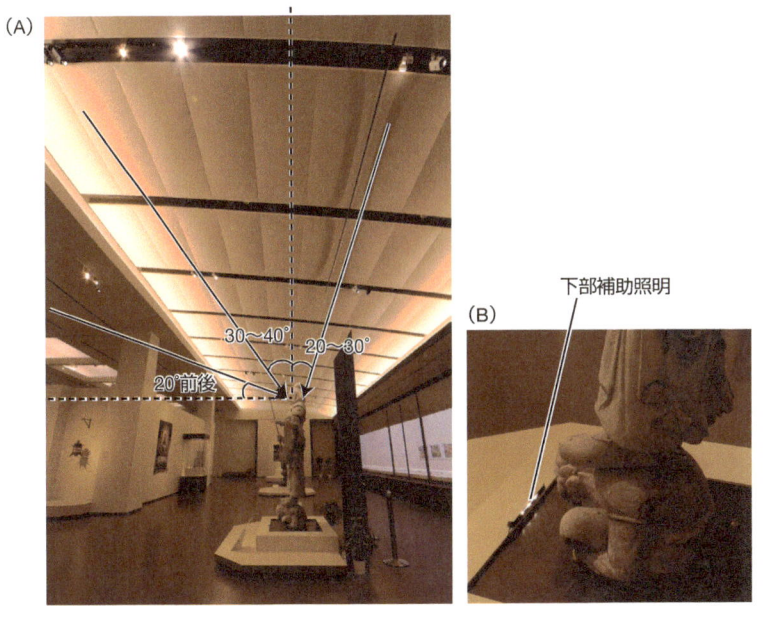

図24-2　スポット照明によるオープン床面照明

Section 2 オープン展示

Stage 25 360度鑑賞をする展示のチェックポイント

　オープン床面展示の最大のポイントは、360度どの方向からも鑑賞が可能なことです。ライティングも360度どの位置からでも行えます。つまり、鑑賞者は作品だけでなく照明器具も常に目に入り、グレアとなる可能性が高いのです。それ以外にも、360度の多方向から照明すると、影が多くできたりいろいろな弊害が出てきます。ここでは、そのような弊害を抑えつつ作品を照明するためのポイントについて解説します。

入射方向と入射角のコントロール

　展示物を照明すると必ず影ができます。影には展示物自体にできる影と、床や壁など周囲にできる影があります。展示物自体にできる影は展示物の立体感や表情を、周囲にできる影は展示物の存在感を効果的に表現しますが、逆に鑑賞のさまたげになる場合もあります。これら影をコントロールするには、展示物に対する光の入射方向や入射角が重要になります（図25-1）。

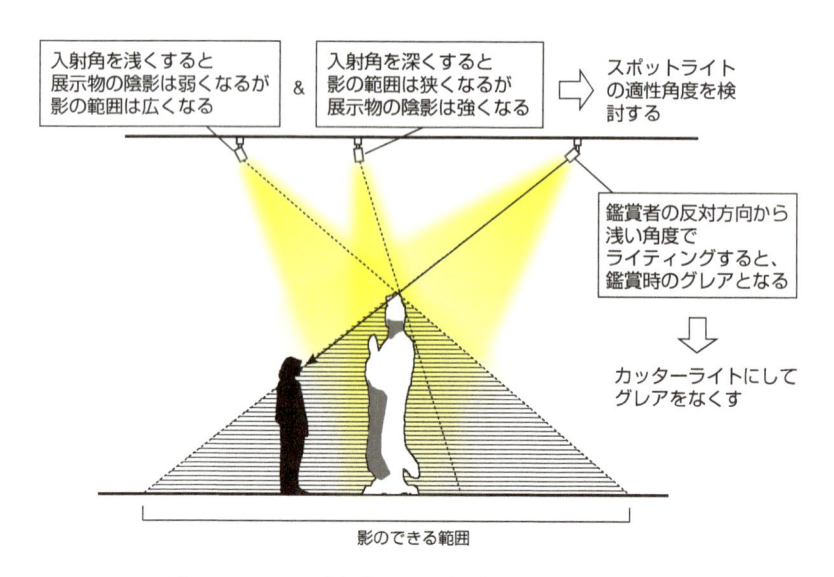

図25-1　360度鑑賞できる場合の照明のポイント

入射方向のコントロールは、展示物の正面性や鑑賞者の動線を目安にします。基本的には正面をキーライトに、それ以外の方向からの光をサブ照明とします。

　入射角のコントロールは展示物自体にできる影の強さや周囲にできる影の範囲を目安にします。例えば展示物の陰影が強い場合は、引いた位置から照明して陰影を和らげますが、鑑賞者へのグレアが強くなります。展示物に近づければ陰影が強くなり、離せば鑑賞者へのグレアになる。相反する要素を両立させるためには、器具自体で光をコントロールする必要があります。

光の範囲を制限する

　入射方向や入射角でのコントロールに限界があるときには、器具から出る光そのものをコントロールします。とはいえ、光は自由に曲げたりできませんので、器具の光の出口でコントロールしなければなりません。通常、グレアを軽減したり、光の範囲を制限するには、バンドアやルーバー、フードなどの遮光アクセサリーを器具に取り付けるか（**図 25-2**）、カッターライトのように光をカットできるタイプのスポットライトを使用します（Stage 58）。

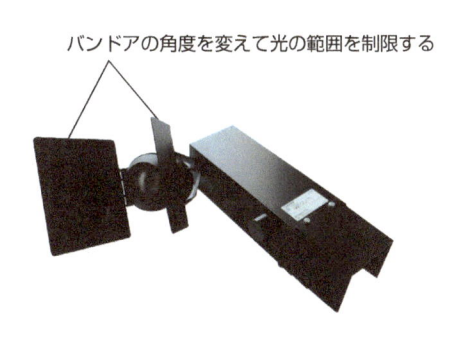

バンドアの角度を変えて光の範囲を制限する

図 25-2　バンドアを取り付けたスポットライト

Chapter 2 ミュージアム照明を展示手法からひもとく

Section ❷ オープン展示

Stage 26 壁を背負うときの光と影

　屋内で立体物をオープン床面展示するとき、壁を背負う形で壁際に展示されることがよくあります。壁を背負うとはいえ、壁面に展示されているわけではないので、展示物の奥行き感、立体感を損なわないためにも、オープン壁面展示のように、展示物と壁面が一体化しないように気をつけなければなりません。光と展示物と壁面の関係に注意します。

壁に漏れる光と影のコントロール

　展示物の存在感を出すには、背景となる壁と展示物とのあいだに輝度差が必要です。例えば白木の展示物が白い壁を背負う場合、両方同じように光をあてると展示物が壁のなかに埋もれた印象になります。そうならないためには、壁には光があたらないように展示物と壁との距離を離します。また展示物の影が展示物のうしろで主張すると影と展示物が一体化しますので、照明と展示物と壁の位置を調整して影が一体化しないようにします（図 26-1、図 26-2）。

　立体感を出すために複数台の照明を使用すると、それらの影が壁面に数多く現れて光のノイズとなります。影はキーライトから生まれる一つか二

- 壁が明るいと展示物が浮かび上がらない
- 影のある範囲は展示物が沈みがちになる
- 影はあっても足元くらいまでに抑える

図 26-1　影と展示物を一体化させない光（右）

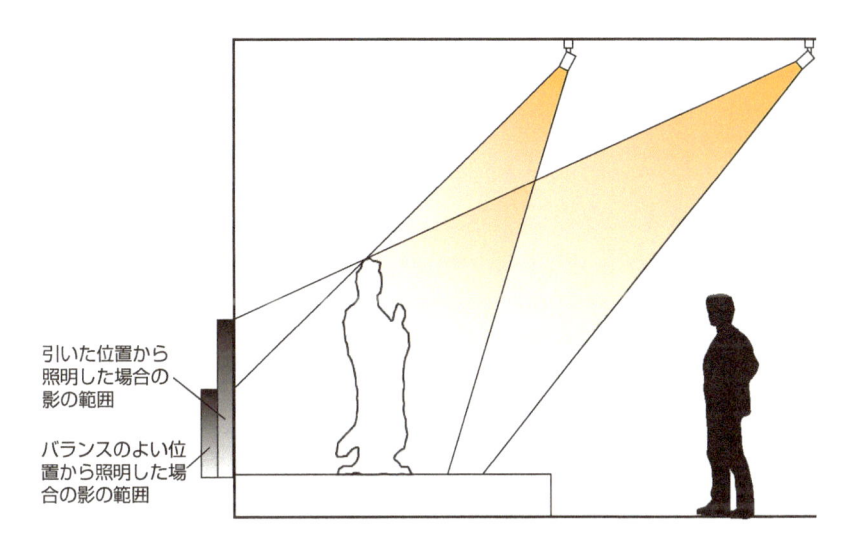

図26-2　照明との位置と影の生じる範囲

引いた位置から照明した場合の影の範囲

バランスのよい位置から照明した場合の影の範囲

つに抑え、それ以外の照明器具はカッターライトかバンドア付きのスポットライトを用い、余分な影が現れないようにします。

影をコントロールして演出効果を高める

　影をうまくコントロールすれば演出効果を高めることも可能です（**図26-3**）。右は光ファイバースポットを使用して影を映し出した例です。左は影が展示物の存在感を高めています。

影を光背のように演出し、存在感を出した例

影の演出

光ファイバースポット

図26-3　影を利用したライティング

壁を背負うときの光と影 | Stage 26

Chapter 2 ミュージアム照明を展示手法からひもとく

Section 3 ケース展示

Stage 27 ケース展示の種類と空間

　ケース展示では、主にオープン展示ができない展示物を展示します。その多くは、日本美術に代表されるような温度、湿度、虫害、光といった展示環境の制限が厳しいものや、破壊や盗難の危険性が高いものです。特に展示環境の制限が厳しいものでは、ケース内部と外部との空気の流出入をできるだけ抑えたエアタイトケースを用います。ケースの形状は、展示物の種類や大きさ、展示デザインによりいろいろですが、大きく分けると壁面ケース、ハイケース、覗きケースの3種類になります（**図 27-1**）。

ケース展示と展示空間

　3種類の展示ケースは、それぞれで鑑賞する視線方向が異なります。壁面ケースは、ケース外の正面から鑑賞するようにできていますし、ハイケースは、ケース外の四方から鑑賞することが可能です。覗きケースは、その名のとおり展示物を見下ろす形で鑑賞します。
　壁面ケースはケースの場所が変えられない固定型で、空間での存在感が

図 27-1　エアタイトケースの種類

大きく、照明にも注意が必要です。ハイケースと覗きケースは展覧会に合わせて場所を変えられる可動型です。設置場所は壁際でも室内の中央でも自由ですが、照明を内蔵するケースの場合は電源位置を、外部から照明するタイプではライティングレールの位置を考慮しなければなりません。

ハイケースにベース照明がある場合は周囲に対する映り込みに、壁際に設置する場合は周囲の壁への光漏れに注意します。また覗きケースは周囲に対する影響が小さいぶん、周囲が暗くなってしまうことが多いです。ケースへの照明の映り込みにも注意します。各ケースの基本的な照明機器について**表 27-1** にまとめます。

表 27-1　展示ケースの種類と基本的な照明機器

	壁面ケース	ハイケース	覗きケース
ウォールウォッシャ照明、ベース照明	直管蛍光灯など。壁面均斉度を重視する。	直管蛍光灯など。ルーバーもしくは乳白パネル付きで、周囲への光漏れや映り込みに注意する。	直管蛍光灯など。ステージ面の均斉度を重視する。
スポット照明	ハロゲンスポット、LEDスポット。ライティングレールに取り付ける。個別調光が基本。	光ファイバー、LEDミニスポット。写真のアイボールタイプは上部からの照明に使用する。	光ファイバー、LEDミニスポット。スタンドタイプは逆側のグレアに注意する。

Section ③ ケース展示

Stage 28　壁面ケースと照明

　壁面ケースは、壁面に設えられたケースのことで、大きく分けて二つの種類があります。一つは、ガラスで遮断された奥に壁があるタイプ、もう一つはガラスで遮断された奥に棚があるタイプです（**図 28-1**）。日本では壁タイプが主流なのに対し、海外では棚タイプが多く見られます。それは、ほとんどの日本美術が展示環境を厳しく制限されるため、展示物の大小にかかわらずケース展示を余儀なくされるので、壁面ケースにフレキシブルさが求められるからです。

棚タイプの壁面ケースと照明

　棚タイプの壁面ケースではそれぞれの棚に展示物が展示されますので、棚板と棚板に挟まれた展示物への照明をどうするかがポイントになります。ケースの横幅が狭い場合は、展示ケース内の周縁部や両サイドにのみ照明を設置します（**図 28-2**）。これは棚位置が頻繁に変わるケースに多く見られ、棚板には光を透過するガラスが用いられます。棚位置がある程度固定されている。棚位置がある程度固定されている場合、棚ごとに棚板照明を設置します（**図 28-3**）。棚板照明は、照明に近接した部分の照度が高くなるので照度管理が難しくなります。また棚タイプでは、展示物を手前に展示することが多く、内部のケース照明だけでは正面に光が十分あたらないこと

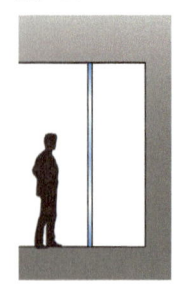

壁タイプ　　　　　　　　　棚タイプ

図 28-1　壁面ケースの種類

図 28-2　ケース周縁部からの照明

図 28-3　棚板照明

がよくあります。その場合、展示ケースの外からも光をあてます。その際は、棚の影と鑑賞者の影に注意するとともに、照明器具の映り込みにも気をつけなければなりません（Stage 34）。

壁タイプの壁面ケースと照明

　壁タイプの壁面ケースの照明は、いろいろな展示物に対応するフレキシブルさが求められます。さらに壁タイプは、空間重視タイプと壁重視タイプの二つのタイプに分かれます。その違いはベース照明にあり、空間重視タイプの場合は方向性のないベース照明が壁面の照明を兼ねており、壁重視タイプはウォールウォッシャ照明がベース照明を兼ねています（**図 28-4**）。

図 28-4　壁タイプの壁面ケースの照明

壁面ケースと照明　**Stage 28**　59

Chapter 2 ミュージアム照明を展示手法からひもとく

Section ❸ ケース展示

Stage 29 壁面ケース照明の可変性①

　いろいろな展示物に対応するため、壁面ケースでは多種の照明器具を内蔵しています。それらの内蔵器具を用いて、照明の明るさや光色、照射角度などを調整して展示物に対して最適な照明を行います。壁面ケースで使用される代表的な照明器具は、ウォールウォッシャ、下部ウォッシャ、スポットライトです（図 29-1）。これらを使って実際に展示物に対してどのように照明するのか見てみましょう。

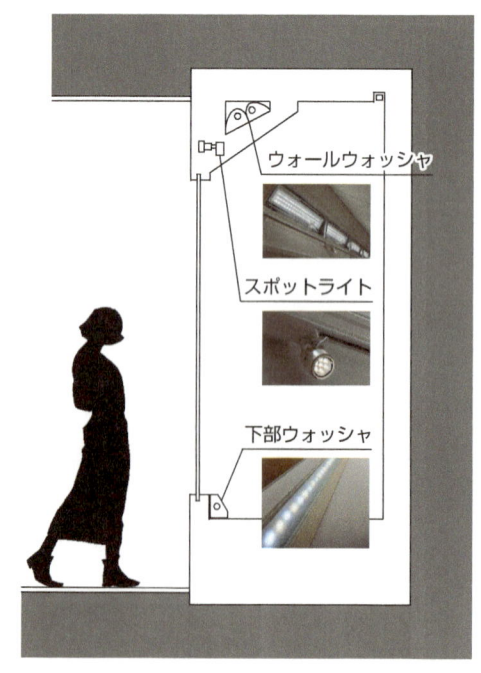

図 29-1　壁面ケースの照明器具

壁面展示の場合

　掛軸、日本画などの壁面展示の場合は、ウォールウォッシャを中心に、下部ウォッシャを付加して光のバランスを整えます。下部ウォッシャは同時に掛軸などの巻き皺を緩和させます。壁面展示の問題は、壁面が明るくなるために相対的に作品が暗く、遠く感じられることです。そのときはケース内のスポットライトで軽く補光します（**図29-2**）。

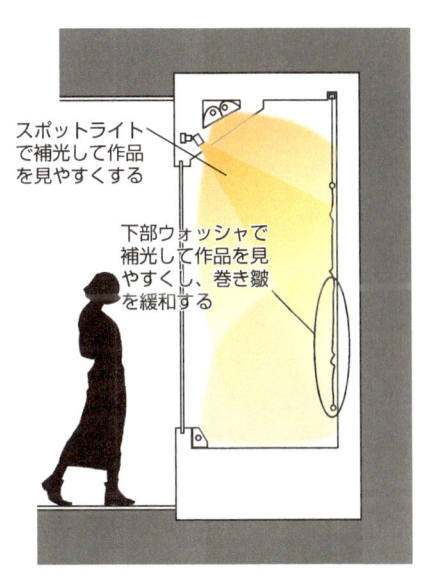

図29-2　掛軸の壁面展示

中間壁展示の場合

　中間壁展示は、通常の壁面展示では展示物が遠く感じられてしまう場合に使われる展示方法です。作品種類としては掛軸で見られます。壁面展示と同様に、ウォールウォッシャおよび下部ウォッシャで照明しますが、照明に近いところが明るく、作品の中間部分が暗くなるので、光量を調整しつつ、壁面ケース内のスポットライトかケース外からのスポットライトで補光します（**図29-3**）。

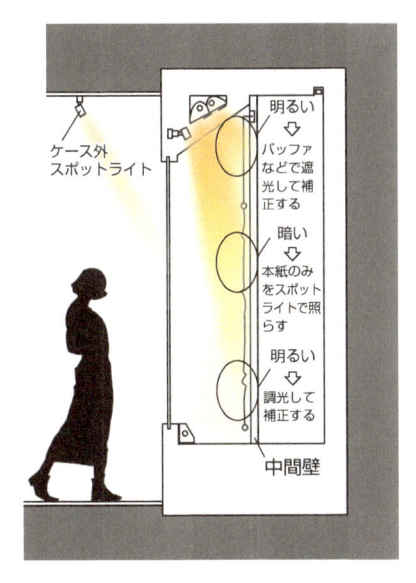

図29-3　掛軸の中間壁展示

Section 3 ケース展示

Stage 30 壁面ケース照明の可変性②

　壁面ケースはケース内の床面の高さが鑑賞者のひざの高さよりも低いことが多く、ケース内の壁面以外に展示するときは、ケース内に展示台を設置して、その上に作品を展示します。そのとき下部ウォッシャの光は展示台によってさえぎられるのでそのままでは使用できません。仮設の補助照明を展示台に設けるか、外部からスポットライトで補光します。

低床面展示（屏風）の場合

　屏風などを展示する場合は、ケース内に高さ 100 mm 程度の低い展示台を設けます。屏風は折り曲げて展示するので、手前の山部分と奥の谷部分では明るさにムラができます。また屏風の中間が中落ちして暗くなるときはスポットライトで屏風全体の光を整えます。下部ウォッシャを用いる場合、展示台の影が屏風に入り込まないように調整しなければなりません（図 30-1）。

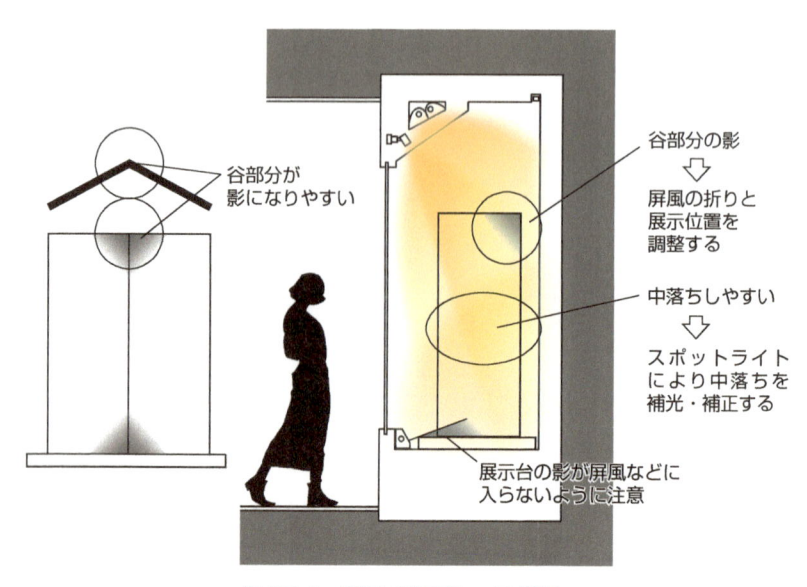

図 30-1　屏風の壁面ケース展示

高床面展示（立体物）の場合

工芸作品ややきものを展示する場合は、展示物の高さを調節するために展示台を用います。照明は、全体の光をウォールウォッシャでとりますが、壁面上部への光はできるだけ抑えて、展示物への主照明はスポットライトで行います。手前に作品が展示される場合は作品の側面に光があたらないので、ケース外からスポットライトで補光します（**図30-2**）。

図中注記：
- ときにはケース外からスポットライトで補光する
- 壁への光を抑えるためにバッファなどで上部の光を遮光する
- 反射シートか補助照明を用いるとより効果的（Stage 39）

図30-2　立体物の壁面ケース展示

手前床面展示（巻物）の場合

巻物を展示する場合は、手前ガラス面ギリギリに斜台が設置されます。ウォールウォッシャを主照明とする場合は、壁面上部の光を抑え、下方中心の配光に調整します。それが不可能な場合は、スポットライトにスプレッドレンズを装着して光を帯状に横に広げます（**図30-3**）。

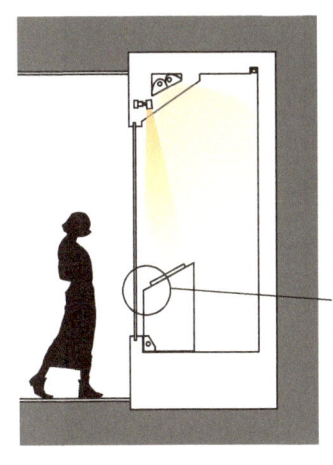

図中注記：
- 手前が暗い
  ⇩
- スポットライトで補光し、スプレッドレンズで光を横に広げる

図30-3　巻物の壁面ケース展示

Section 3 ケース展示

Stage 31 壁面ケースにおける光の美意識

　壁面ケースはいろいろなタイプの照明が組み込まれたたいへん機能的なケースですが、作品を自然に表現するためには、効果的な照明を行いつつも可能な限り器具の存在感をなくす必要があります。ここでは壁面ケースにおける光の美意識について考えてみたいと思います。

ウォールウォッシャにおける二つの美

　ウォールウォッシャの美には、配光状態の美しさと器具の存在感がないことの美しさがあります。配光は、高い均斉度を確保するとともに、展示物によっては光の高さ方向の広がりを調整できると作品がより見やすくなります。また、照明器具はケースの外から見えないようにします。これにより、鑑賞者への不必要な光が排除され、鑑賞時のまぶしさが抑えられるとともに、ケース外への光漏れがなくなり、鑑賞者が照らされてガラスに映り込むのを防ぎます（図 31-1）。

下部ウォッシャにおける二つの美

　下部ウォッシャの美には、照射範囲の精緻さと器具の存在感がないことの美しさがあります。照射範囲においては、光のカットオフラインを壁面の上下の入隅に設定し、床に余分な光をあてないようにします。器具は、ケースデザインに合わせて、可能な限りコンパクトに存在感なく設置します（図 31-2）。

スポットライトの美

　スポットライトから展示物に対していろいろな角度からの照射が可能になるように、ライティングレールを設けます。これは、反射によってその素材感を表現しなければならない刀剣や金屏風などの展示物に対して、必要とされる角度での照明を可能とするためです。光ファイバースポットや昇降バトンを設置する方法もあります（図 31-3）。

図31-1　壁面ケースの理想的な照明

ウォールウォッシャ
スポットライト
2段のライティングレールから異なる角度で照射する
照明器具が見えない
上方を調整し高い均斉度
下部ウォッシャ

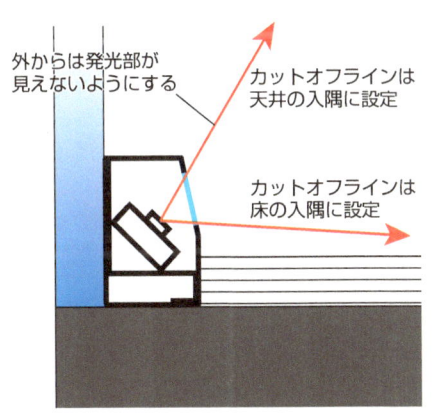

図31-2　理想的な下部ウォッシャ照明

外からは発光部が見えないようにする
カットオフラインは天井の入隅に設定
カットオフラインは床の入隅に設定

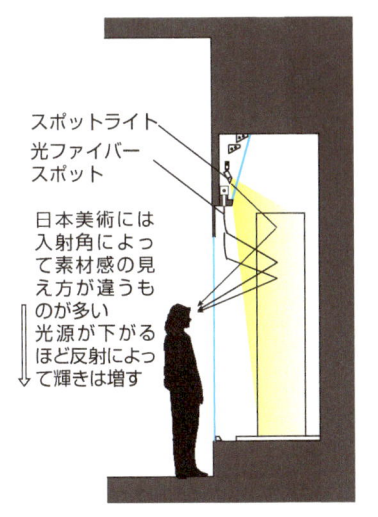

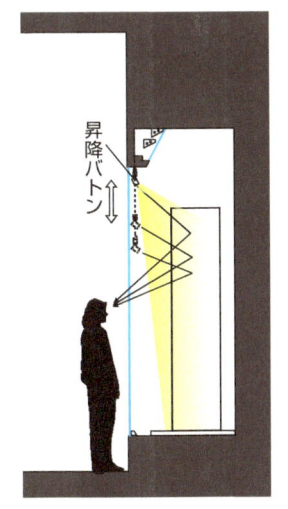

図31-3　効果の高いスポットライトの位置

スポットライト
光ファイバースポット
日本美術には入射角によって素材感の見え方が違うものが多い
光源が下がるほど反射によって輝きは増す

昇降バトン

壁面ケースにおける光の美意識 | Stage 31

Chapter 2　ミュージアム照明を展示手法からひもとく

Section ❸　ケース展示

Stage 32　ハイケースの照明

　ハイケースは、四方から鑑賞が可能なケースです。ケース上部のトップ面がガラスで照明を外部から行う5面ガラスケースと、トップハットと呼ばれる照明ボックスを上部にもつ4面ガラスケースがあります（**図 32-1**）。

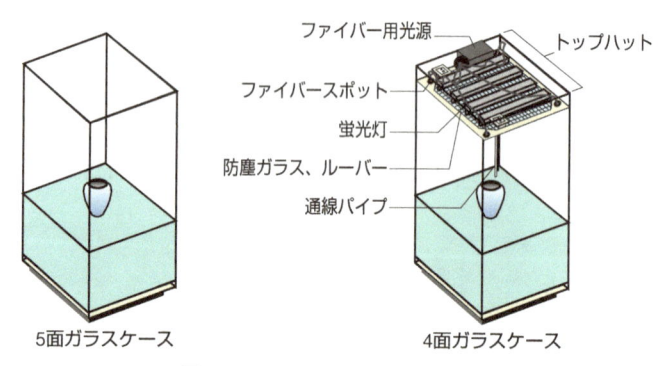

図 32-1　ハイケース

5面ガラスケースのベース照明

　5面ガラスケースは、形状がシンプルでケースの存在感が小さいのが特徴です。外部から照明を行うために気をつけるポイントがあります。ケースのフレームやガラスの合わせ目の影が展示物に入り込むため、ベースの光をとるスポットライトはケースの平面範囲内に設置します（**図 32-2**）。また、ケーストップのガラスがクリアだと、照射した光がガラスに反射して天井に四角い光を映し出すので、ガラス面の上に拡散シートなどをのせて、反射光を和らげます。拡散シートはケース内の展示物の陰影を和らげるためにも効果的です。

4面ガラスケースのトップハット

　4面ガラスケースの上部には、トップハットと呼ばれる照明ボックスがあり、ベース照明もそこに設けられます。光源には美術・博物館用蛍光灯

やLEDを用い、下部にルーバーなどを設置してまぶしさを抑えます。パラウェッジルーバーなどの光学制御がされたルーバーを用いるとより効果的です（**図32-3**）。また、トップハットにはコンパクトなスポット照明を設けます（**図32-4**）。

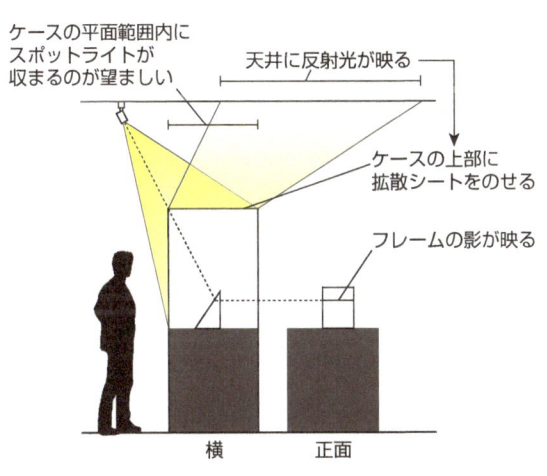

図32-2　5面ガラスケースの注意点

図32-3　一般ルーバー（左）と
　　　　パラウェッジルーバー（右）

図32-4　スポット照明

ハイケースの補助照明

　ハイケースの大きさには制限があるため、大きな立体物を展示する場合は展示物の下部に光があたらないことがあります。そのようなときは展示ケース床面に補助照明を設けます。補助照明には光ファイバーのほか、最近ではLEDがよく用いられます（**図32-5**）。

図32-5　補助照明

Section 3 ケース展示

Stage 33 覗きケースの照明

　覗きケースは、鑑賞者が上から覗き込むようにして展示物を鑑賞する展示ケースです。ケース自体に照明がないタイプと、ケースに照明が組み込まれたタイプがあります（図33-1）。

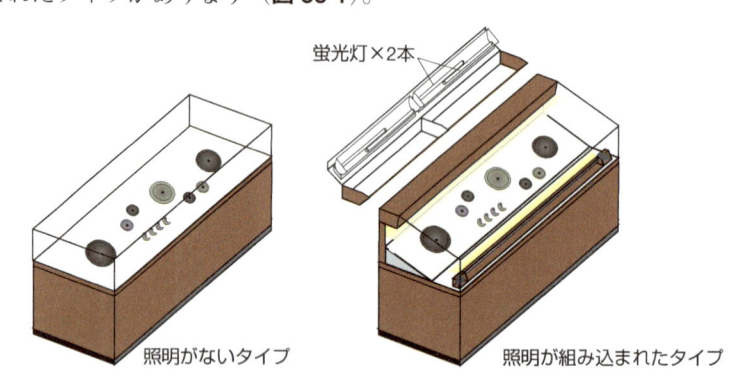

図33-1　覗きケース

照明がないタイプの覗きケース

　照明が組み込まれていない覗きケースは、ケース外部からスポットライトによって照明されます。このときに注意したいのがスポットライトの位置です。スポットライトがケースの真上にあると、スポットライトがケースのガラスに映り込み、鑑賞のじゃまになります。逆に手前すぎると鑑賞者自らの影が鑑賞のじゃまになります。これらを考慮した位置にスポットライトを設置します（図33-2）。

照明が組み込まれたタイプの覗きケース

　照明が組み込まれた覗きケースはいろいろな形状がデザインされてきましたが、それらを大きく二つに分類すると、トップライトをもつ山型覗きケースと、サイドライトが基本のボックス型覗きケースに分かれます。山型覗きケースは有機ELなどの新光源でトップライトがコンパクト化し、

より見やすい覗きケースへと進化しました（**図 33-3**）。またボックス型覗きケースでは、サイドライトが蛍光灯から LED へとコンパクト化し、外から光源が見えず、ステージ面の均斉度が高いケースとなりました（**図 33-4**）。

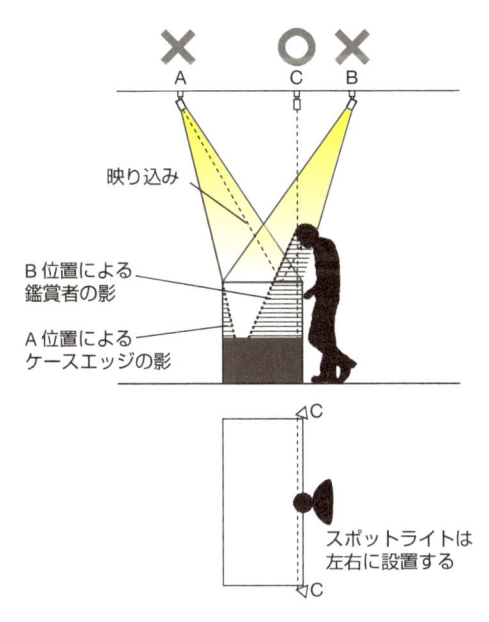

図 33-2　覗きケースでのスポットライトの設置位置

図 33-3　山型覗きケース

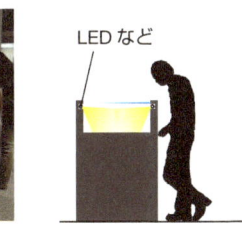

図 33-4　ボックス型覗きケース

Section ❸ ケース展示

Stage 34 展示ケース外からの照明

　展示ケースの照明は、本来ならばケース内で完結することが望ましいのですが、ときにはケースの外からの照明を必要とすることがあります。気をつけなければならないのが、映り込みとガラスの合わせ目やフレームなどによって生じる影です。これらはケースと照明器具との位置関係に注意を払うことで軽減することが可能です。

壁面ケースと映り込みの関係

　壁面ケースの映り込みの考え方は、オープン壁面展示の絵画の場合とほぼ同じですが、ケース展示ではガラスに接近して鑑賞するので鑑賞者自身による影に注意します（Stage 20）。また壁面ケースは天井近くまでガラス面があるために映り込みが生じます。斜め方向から照明して対応しますが、壁面ケースにはガラスの合わせ目や反射防止フィルムの継ぎ目があるので、その影が展示物に入らないように気をつけます（**図 34-1**）。

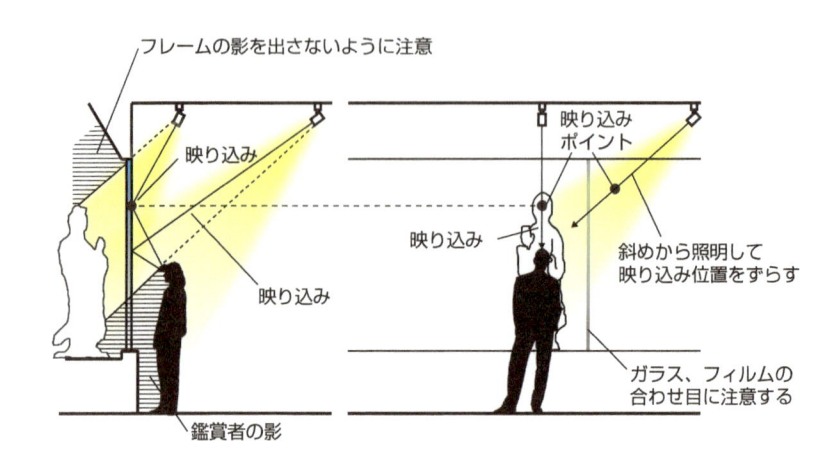

図 34-1　壁面ケース外からの照明

ハイケースの影と照明位置

5面ガラスケースの場合は、ガラスの合わせ目の影に気をつけます（Stage 32、**図 32-2**）。4面ガラスケースでどうしても外からの照明が必要なときは、トップハットでできる影に注意します。また前述のように、鑑賞者がガラスぎりぎりまで近づくので鑑賞者自身の影に注意します。カッターライトなどで余分な光をカットして影や映り込みを軽減します（**図 34-2**）。

覗きケースと映り込みの関係

覗きケースの映り込みはほぼ確実に生じてしまいます。この映り込みをなくすのはほとんど不可能ですが、鑑賞者がまぶしさをあまり感じないで済む配置に設定することは可能です（Stage 33、図 33-2）。

映り込みは、ガラスに低反射フィルムを施すことによりまぶしさを軽減することができます（コラム 2）。また照明器具もカッターライトなど発光部の面積が小さいものを使用してまぶしさを軽減することも可能です。

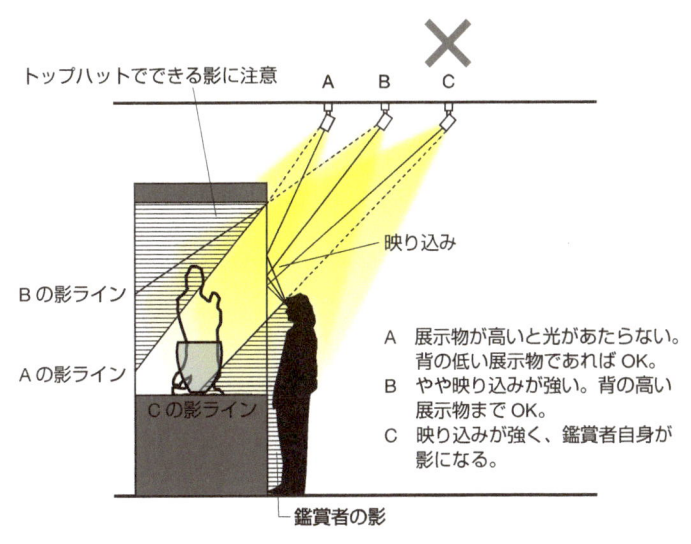

図 34-2　ハイケースへの適切な照明位置

column ❷ 反射を防止するシート

　仕事柄、いろいろなシートを使っています。その一部はChapter5のチューニング材料として紹介しますが、ここでは照明器具には使わない光用のシートの話をします。

　本書全体を通して、これでもかと映り込みに関して書いていますが、鑑賞時の映り込みほど嫌な光のノイズはありません。そのような光のノイズを軽減するシートが低反射フィルムです。貼るだけで映り込みがほとんどなくなるのは、どんなメカニズムによるのでしょうか？

　その答えは、ガラスの屈折を減らすことで光反射を減らしているのです（上図）。なので、ちょっと考えればわかると思いますが、このフィルム、両面に貼らないと効果は半減してしまいます。屈折が起こるのは、光がガラスに入るときと出るときの2回あるからです。また、フィルムの幅はだいたい1,500mm前後です。ですので、大きなガラス面に貼る場合はフィルムの継ぎ方に注意が必要です。フィルムの継ぎには1〜2mm程度のスペースが必要になります。表も裏も同じ場所で継いだ場合に、合計4本のフィルムの継ぎ目の筋が現れることになり、たいへんうるさいです。間違っても、額の中心に継ぎ目をもってこないようにしましょう。逆にノイズがでては、元も子ありませんから（下図）。

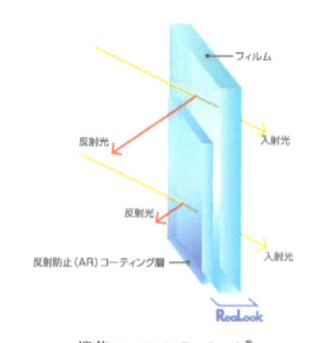

機能フィルム ReaLook®

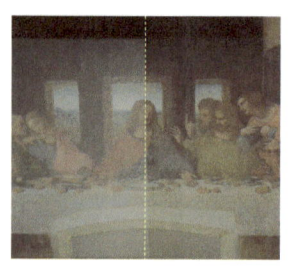

フィルムあり（右）と
フィルムなし（左）

chapter 3

展示物から
ミュージアム照明を考える

　ミュージアム空間では、いろいろな展示物が展示されています。展示物には、それぞれにつくられた背景があり、表現方法、素材、技法など、一つとして同じものはありません。照明はそのような唯一無二の展示物の魅力を、あますところなく伝えなくてはなりません。Chapter3では、展示物の種類別に照明について解説します。

Section 1 ◆ 日本美術の照明
Section 2 ◆ 西洋美術の照明
Section 3 ◆ 現代美術の照明
Section 4 ◆ 自然科学系展示の照明

Chapter 3 展示物からミュージアム照明を考える

Section 1 日本美術の照明

Stage 35 日本美術への照明

　日本美術は、その多くが布、木、紙など光に脆弱な素材を使用してつくられています。ですので、照度制限は 50 lx 程度です。そのような暗さのなかで、日本美術の繊細で豊富な色使いや素材を表現するには、ただ単に光をあてるだけではなく、あて方にも工夫が必要です。それには日本美術が培われてきた日本の気候や風土、使われてきた日本建築の光環境のエッセンスをうまく展示照明に取り入れます。

日本美術における湿度感と陰影

　湿度感と陰影。一見関係のない言葉ですが、光においては関係の深い言葉です。自然界における湿度感は、例えば朝もやなどがよい例でしょう。朝もやは、朝日を和らげる自然の拡散フィルターです。また曇り空は、天空を乳白フィルムで覆い、鈍い光を地上に落とします。はっきりとした陰影ではなく、柔らかい陰影のあり方が多くの日本美術には合っています（図35-1）。

日本建築の光、座の目線

　日本建築は、四季に対応した独特な造りになっています。大きな軒（のき）、蔀（しとみ）、障子、庭、これらの要素により、日本建築では四季によって変化する自然光を、バウンドさせた光や拡散させた光にして屋内に採り入れる形に

図 35-1　日本の自然光

図 35-2　日本建築の光環境

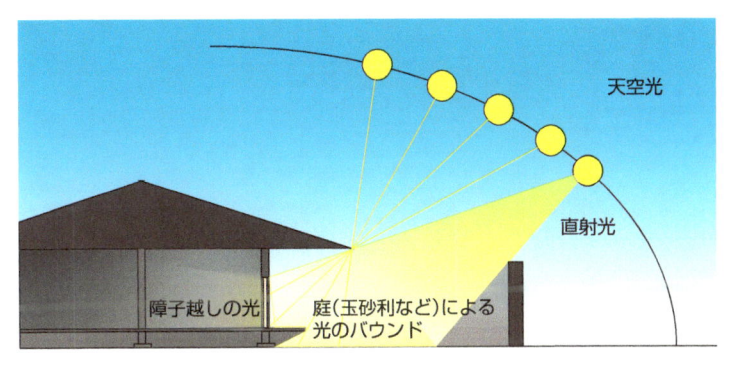

図35-3　バウンドした光を採り入れる

なっています（**図35-2**、**図35-3**）。また、椅子ではなく床に座る生活習慣は西洋に比べ低い視線高さとなっています。このような光や視線高さにより培われた日本美術を西洋の考えで成り立つミュージアムに展示する場合、照明もそれらを考慮しなければなりません。例えば、掛軸や屏風などは主題が画面下部に描かれる場合が多く、下部に対する光を意識して照明する必要があります。

明るさ感ときらめき

　昼間だけでなく、夜間はもっと暗い世界でした。そのなかで、金屏風や白い障子、襖は、少ない光を反射して空間に明るさ感をつくりだして快適性を高めようとしています。そのほかにも、暗いなかでも絵や工芸が映えたり楽しめたりする工夫があります。例えば工芸の螺鈿、浮世絵の綺羅刷りなどは、灯火や障子越しの光に反応してキラキラッとした反射を楽しんだことでしょう。それらキラキラッとした反射を、現在のミュージアムでも楽しめるようにすると、日本美術の楽しみが倍増すること間違いなしです（**図35-4**）。

図35-4　螺鈿のきらめき

Chapter 3 展示物からミュージアム照明を考える

Section 1 日本美術の照明

Stage 36 掛軸の照明

　掛軸は通常、床の間に掛けられます。ミュージアムでは、壁面ケース内で展示されることが多く、一部、仮設の掛軸ケースを用いる場合もあります。ここでは、それぞれのライティングのポイントについて見ていきたいと思います（図36-1）。

掛軸展示の前提条件

　掛軸は絵の描かれた本紙と表装とが一体の作品です。作品の大きさは、表装を入れると2m以上のものも多く、例えば當麻寺曼荼羅などは4m

図36-1　壁面ケースに展示された掛軸

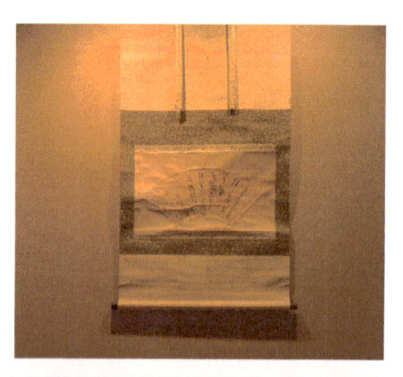

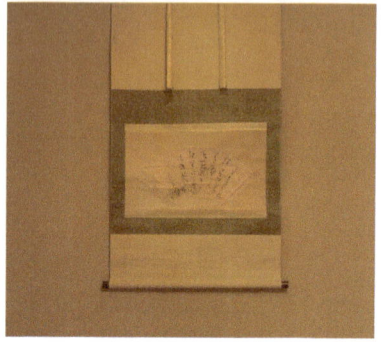

図36-2　巻き皺の目立つライティング（上）と目立たないライティング（下）

四方前後の大きさがあります。掛軸は、下のほうに絵の主題がある場合が多いです。また、保存時は巻いた状態であるため、巻き皺があるので注意が必要です（**図 36-2**）。

壁面ケースでの照明

　壁面ケースでは、通常、ケースの奥壁に掛軸を吊って展示します。照明は展示ケース内に備わっているウォールウォッシャ照明かベース照明を使います。上部だけの照明では、巻き皺がある場合は皺が目立って絵が見にくいので、下部ウォッシャも必要になります。またウォールウォッシャだけだと本紙部分が暗く、絵が遠く感じることも多いので、気づかれない程度に本紙にのみスポットライトなどで照明をあてます。可能ならばカッターライトを使うと余分な光がカットされ、より効果的です。例えば掛軸を 50 lx で照明するならば、ウォールウォッシャ照明で 35 lx、スポットライトで 15 lx 程度の比率とします（**図 36-3**）。

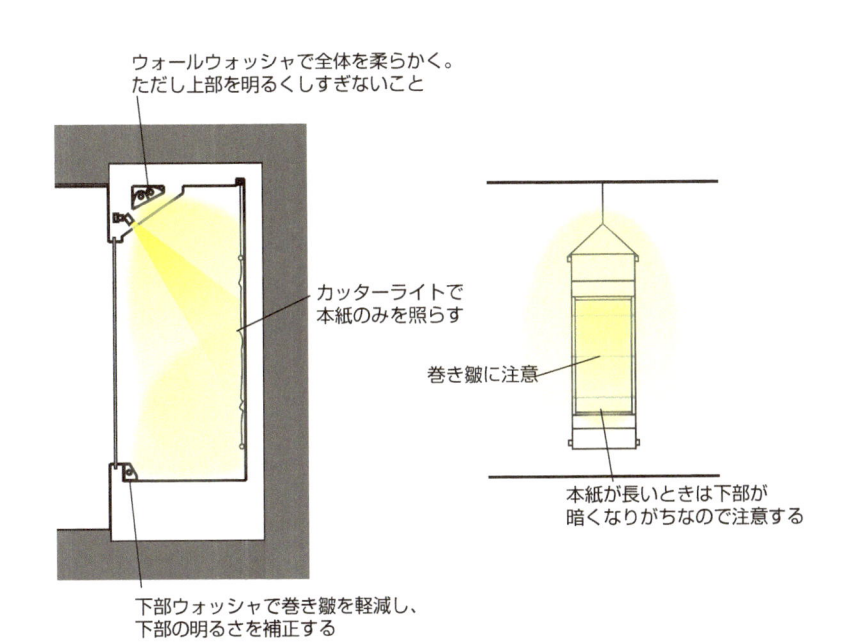

図 36-3　壁面ケースで掛軸を照明する際のポイント

仮設の掛軸ケースでの照明

　仮設の掛軸ケースの多くは、掛軸の前に保護のためのガラスもしくはアクリルを立てたものです。照明は、ケースの外からスポット照明で光をあてます。この手法の問題点は、ケースのガラス面が縦方向に長い場合が多く、映り込みが生じやすいという点です。どうしても映り込みが避けられない場合は左右の方向から照明を行いますが、一般のスポットライトでは影が生じてしまいます。ですので映り込みが少なく、また、周囲に余分な光をまき散らさないカッターライトが最適です。単純に上方からスポットライトをあてると下の肝心な部分が暗くなる場合がほとんどですので、下部にカッターライトで光を足してあげるとよいでしょう（**図 36-4**）。

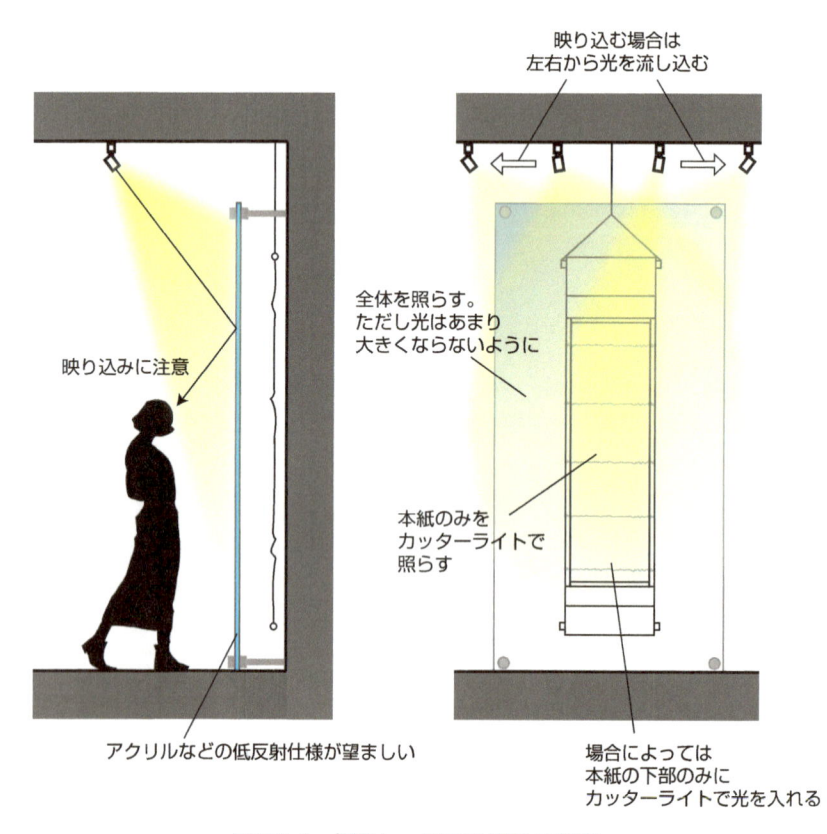

図 36-4　仮設ケースでの掛軸の照明

Chapter 3 展示物からミュージアム照明を考える

Section 1 日本美術の照明

Stage 37 屏風の照明

　屏風は通常、日本家屋の床に置かれ、仕切りなどとして使われます。ミュージアムでは、壁面ケース内に床置き、もしくは高さの低い展示台の上に展示されます。屏風では、折り曲げて使われる独特な形状と、多くの屏風で使われている金をどう表現するかが照明のポイントになります。

屏風展示の前提条件

　屏風は、折り曲げた状態で床に置かれます。つまり谷はケースの奥壁面、山は手前のガラス面に近づきます。そのため上部からの光だけだと、上部の山・谷と下部の山・谷では照明のあたり方が大きく異なります（図37-1）。また、金などの反射素材が広範囲に使用されている作品も多いため、照明に注意が必要です（図37-2）。

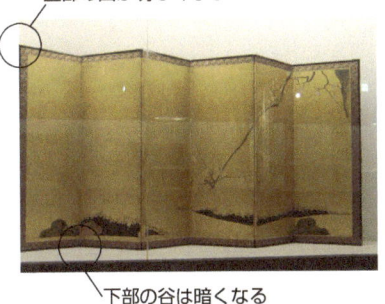

図 37-1　上部からの光のみで照らした屏風 (上部の山が明るくなる／下部の谷は暗くなる)

図 37-2　金などの反射素材を使った屏風

屏風展示の照明のくみたて

屏風展示の照明では、以下のポイントに気をつけながら光を組み立てます。

屏風全体はウォールウォッシャで照明します。屏風上部のケースの奥壁面が明るくなりすぎないように、上部の光をバッファなどで遮光します。上部の光のみでは下部が暗いので下部ウォッシャを併用しますが、展示台を使用しているときはその影が屏風に入らないように下部ウォッシャの光を遮光テープでカットします。下部ウォッシャを併用しても中落ちするときは、スポットライトで補光します。そのときに気をつけたいのが屏風の脇の奥壁にできる影です。影をなくすにはスポットライトの位置を屏風の端に合わせて照明します（**図 37-3**）。

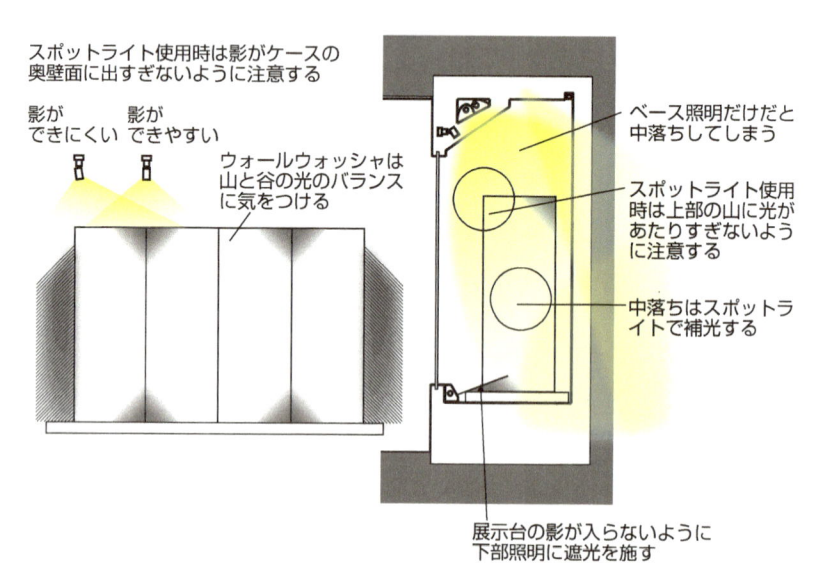

図 37-3　屏風の照明のポイント

金地の屏風の照明

　金地の屏風を照明する際には、屏風全体の光のバランスに気をつけます。よく見られるのが金の中落ちで、上下ばかり明るく、真ん中のあたりが暗いというパターンです。金が反射素材であるため、視線高さと屏風と照明の位置関係からどうしてもこのようになりがちになります。スポットライトで中落ち部分のみを補光しようとしてもスポットライトの設置高さが高いとあまり効果がなく、逆にスポットライトの光が金に反射して床を明るく照らすことになります。**図 37-4** はウォールウォッシャを使用せずにスポットライトのみで照明した例ですが、このようにスポットライトで細やかにバランスをとりながら照明する方法もあります。

光が金に反射して床が明るくなるので注意

スポットライトで金地全体を同程度に光らせる

相対的に中落ちする

ウォールウォッシャの光を反射して明るく見える

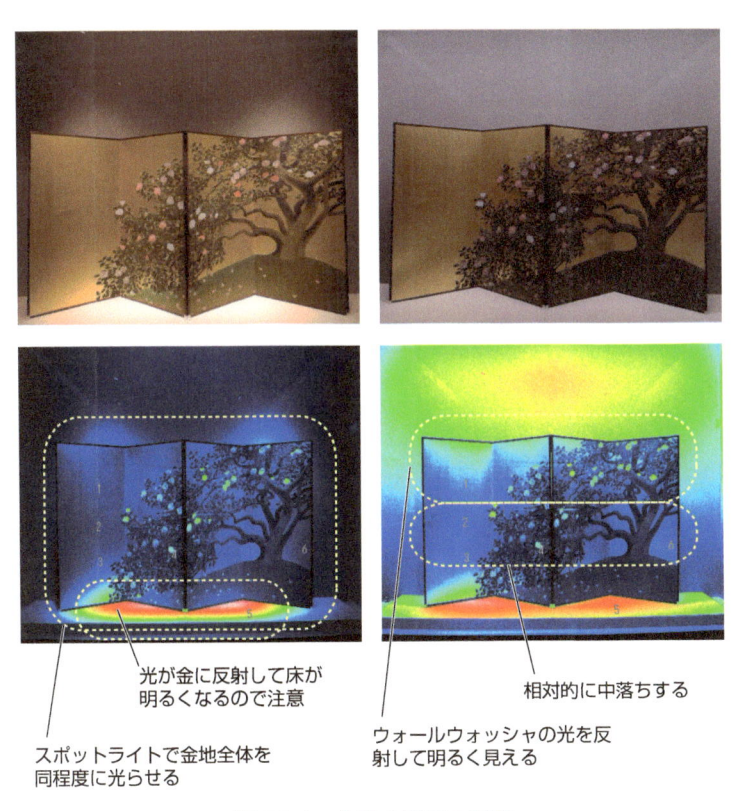

図 37-4　金地の屏風の照明

Section 1 日本美術の照明

Stage 38 仏像の照明

　仏像は彫刻作品の一つですが、西洋的・近代的な芸術表現としての彫刻とは異なる存在です。当然、照明もその宗教性や相対する人間との関係性に注意しなければなりません。

お顔を大切に

　仏像は、人間と相対するために、ほとんどの作品が正面を向いています。その存在の中心はやはりお顔であり、仏像の照明はお顔を中心に組み立てていきます。お顔は正面を向いている限り、作為的な陰影とならないように、基本的には正面から照明します。特に目元に関しては、仏像の目の奥にまで光が入る角度から照明します（図 38-1）。

仏像展示の照明のくみたて

　仏像の照明では、宗教性を大切にしながらも、立体感や躍動感、装飾性にも配慮して照明を組み立てます（図 38-2、図 38-3）。まず表情や身体の陰影がほどよく生まれる角度からスポットライトでメインの光をあてます。そのとき光の中心は、お顔のやや下、胸のあたりを狙います。配光は、全身をちょうど照らせるぐらいにします。通常、正面から照明しますが、体勢によっては斜め方向から照明します。そのときに気をつけるのが、手を前に出していたり持ち物を持っている場合です。基本的には手の出ている逆のほうから照明して手や持ち物の影が仏様の身体に入らないようにします。続いて背面や左右から照明しますが、多方向からの光が鑑賞者へのグレアや床への多重の影を出さないようにベースの光よりも深い角度で照明します。器具も、可能ならカッターライトを用いて必要な光のみをあて、その明るさはベース照明よりも控えめにします。最後にお顔の照明ですが、仏像の目の奥にまで光が入る角度から照明します。この照明は、カッターライトでお顔のみに照明します。最適な位置にライティングレールがないときは仮設します。

図 38-1　仏像の目の奥にまで光が届くように照明する

図 38-2　仏像の照明
　　　　（照明のくみたては、図 24-2 を参照）

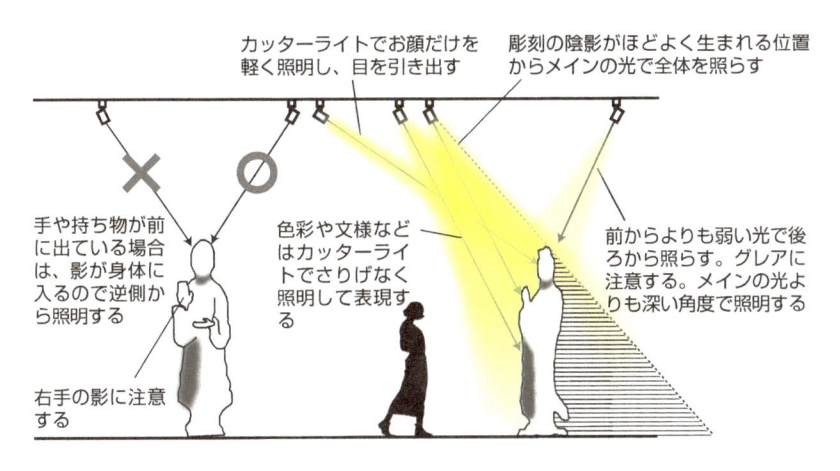

- 手や持ち物が前に出ている場合は、影が身体に入るので逆側から照明する
- 右手の影に注意する
- 色彩や文様などはカッターライトでさりげなく照明して表現する
- カッターライトでお顔だけを軽く照明し、目を引き出す
- 彫刻の陰影がほどよく生まれる位置からメインの光で全体を照らす
- 前からよりも弱い光で後ろから照らす。グレアに注意する。メインの光よりも深い角度で照明する

図 38-3　仏像の照明のポイント

仏像の照明　Stage 38

Chapter 3 展示物からミュージアム照明を考える

Section 1 日本美術の照明

Stage 39 やきものの照明

　やきものとは土を練って形をつくり、焼き固めたものです。材料である土の種類、焼成温度による素地の硬度、密度、吸水性、釉薬の有無などの条件によって、土器、せっ器、陶器、磁器に分類されます。いろいろなうつわの形、装飾などがあり、照明の注意点もそれぞれで異なりますので、ここでは一般的なやきもののライティングについて考えたいと思います。

地色を大切にする

　例えば備前焼と白磁を思い浮かべていただければわかると思いますが、やきものはそれぞれ独特な地色をしています。地色を大切にするために、特に気をつけたいのが光色です。例えば備前焼は、暖かい電球色のほうが、その色合いを効果的に表現します（図 39-1）。また、白磁ではだいたい 4,000 K 程度の白色、青磁では 5,000 K 程度の昼白色が効果的といわれています。

図 39-1　備前焼（左）と青磁（右）のそれぞれに適した光色

適した配光は？

　やきものは有機物ではないため、基本的に照度制限はありません。ですので、周囲とのバランスをとりながら見やすい照度まで自由に設定することができます。だからといって、スポットライトでバンバン照らせばよいかというとそうではありません。どちらかといえば、やきものの形状は下側が影になるものがほとんどですので、真上からの光が強いと必然的に影も強くなり、金属器のように冷たくかたい質感になりがちです。陶器などは、

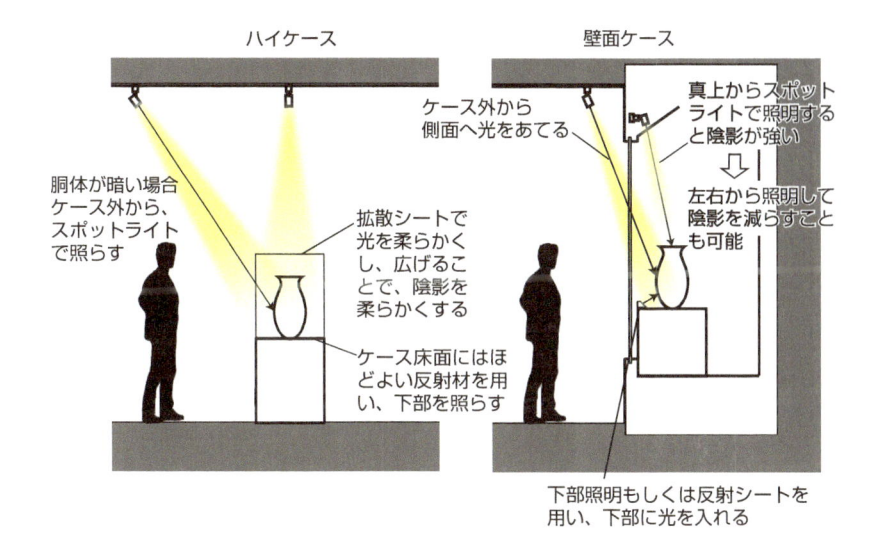

図 39-2　やきものに適した照明

その形状の柔らかさ、優しい質感が作品の特徴となる場合が多く、拡散光での照明が適しています。5面ガラスケースで上部からの照明を行う場合は、ケース上部に拡散シートをのせて、光を柔らかくします（**図 39-2**）。

下部、側面への光

うつわの装飾はほとんどの場合側面にあるので、側面あてと下部の照明が必要になります。側面あてをケース外からスポットライトで行うときは、周囲に光が漏れないように注意が必要です。照明機器としては、カッターライトが適しています。下部の照明については光ファイバー、もしくは有機ELなども使用しますが、どちらも鑑賞者がグレアを感じないように注意する必要があります。またそのような照明機器を設置できない場合には、反射シートなどを用いて上からの光を反射させて、うつわの横や下に光を補います（**図 39-3**）。

図 39-3　反射シートを用いた照明

Section 1 日本美術の照明

Stage 40 日本画の照明

　古来より人類は、自然のなかにある鉱石や土、動植物など、身近に得られるものを色材にしてきました。日本画は、そのような色材の原型をとどめた顔料を用いて表現されています。日本画の絵具は種類が多く、それぞれの性質に違いがあるため、まず特性を知ることが大切です。例えば鉱石が原料の「岩絵具」、貝殻が原料の「胡粉」、ほかにも「朱」「丹」「珊瑚」「藍」など独特の原料を用いた絵具が数多くあり、それぞれの効果を考えて照明することが重要です。

顔料の色を大切に

　日本画の照明では、ベースとなる和紙や水干絵具などの地色と、上に重ねた絵具とのバランスを考えます。胡粉は、つきぬけたような白さをもちますが、電球色のような暖かい光色で照らすと、その白色感が鈍り、地色のなかに沈んでしまいます。ほかにも、緑青、群青などは胡粉と同様に若干色温度を高めにしたほうが効果的で、辰砂や金泥は色温度が低いほうがよいでしょう。では金とプラチナが同時に使われている場合はどうでしょうか？　金に合わせるならば色温度は低いほうがよいですが、それではプラチナの色みが金と同化してしまいます。ですのでこの場合は色温度は若干高めに保ち、プラチナと金の両方を表現します。

日本画展示の照明のくみたて

　日本画は、油彩画と同様に額縁に入れて展示します。しかし日本画と油彩画には対照的な点が二つあります。一つは、油彩画は画面がギラッと照るのを嫌うのに対して、日本画は岩絵具や金などをキラッと反射させると効果的なことです。もう一つは額も装飾的で絵画と同様に照らす油彩画に対して、日本画では金属質の額が多く、同様に照明すると額がギラギラとしてまぶしくなってしまうことです。ですので日本画の照明はまず、油彩画と同様に映り込みに気をつけて照明し、金属質の額がギラギラする場合

は、全体を照らす照度は抑えめにして作品の部分のみをカッターライトで照明します。照度の比率は1対1程度が望ましいです。反射素材が下部にある場合は、カッターライトで離れた位置から浅い角度で必要な部分に光を入れます。そのときは鑑賞者の影が作品に入らないように照明します（**図40-1**）。

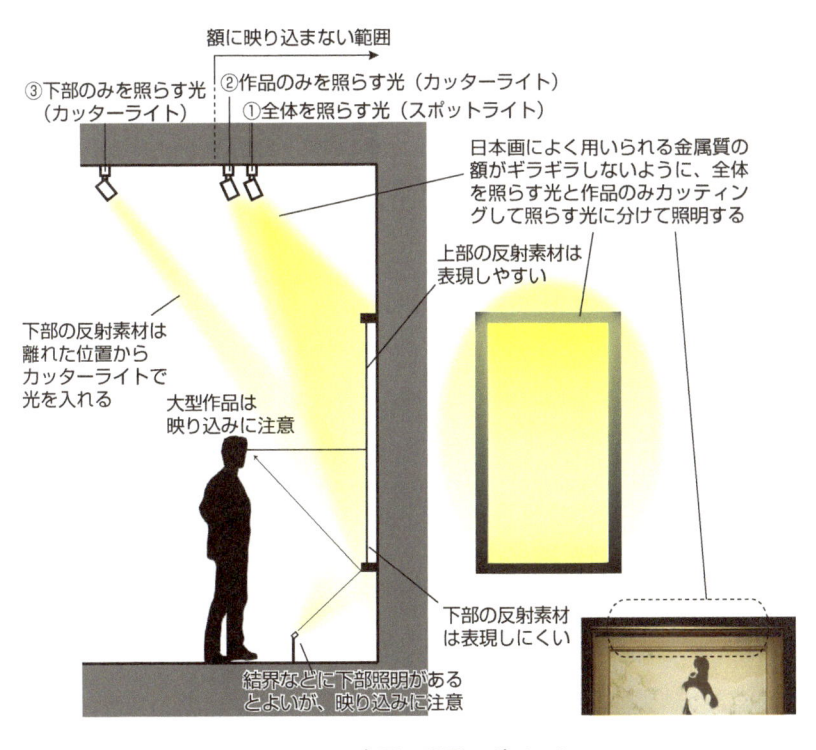

図40-1　日本画の照明のポイント

Section ❷ 西洋美術の照明

Stage 41 油彩画の照明

　西洋画には、時代とともにルネサンス、バロック、ロココなどいろいろな美術運動がありますが、昔から油彩画という表現手法が多く用いられてきました。特徴としては具象であることと、科学的・宗教的な影響からか光を主題としたり、光が作品内で効果的に使われていることです。

油彩画の「光と闇」

　西洋画の特徴として明暗を強調した光と闇の表現があります。これらの照明を行う場合、普通に正面から照明すると闇の部分が光ってしまい、せっかくの闇が損なわれてしまいます。そのようなときは、闇とは違う方向からライティングします（**図41-1**）。

図41-1　斜め方向からのライティング

印象派の描く光と照明の光

　印象派の画家たちは自然の光を画面に再構成しようと試みました。この光の表現を損なわないために、照明の光色が画題の時間帯とマッチングする必要があります（**図41-2**）。

図41-2　照明の光と画題のマッチング

油彩画展示の照明のくみたて

　ルーブル美術館や英国のナショナル・ギャラリーを訪れると、日本の展示環境との違いを感じる人が多いと思いますが、ヨーロッパでは光天井をベースにスポットライトで光を補うという手法が多く採られています。対して日本では、企画展が多いということもありますが、スポットライトのみで照明する場合が多く見られます。

　油彩画は額に入って展示されるので、まずは額のガラスに光が映り込まない位置から照明します。そのときに同時にチェックしたいのが深さのある装飾的な額の影が絵に入っていないかどうかということと、絵画表面のニスなどが照明でテカっていないかどうかということです。これらをチェックして照明の位置を決定します（**図 41-3**）。ベース照明やウォールウォッシャ照明を併用して照明する場合は、まずこれらの照明で壁面全体を照明します。同じ壁面に素描や水彩画が展示される場合は、照度は 30〜50 lx に設定し、その後スポットライトで光を入れます。

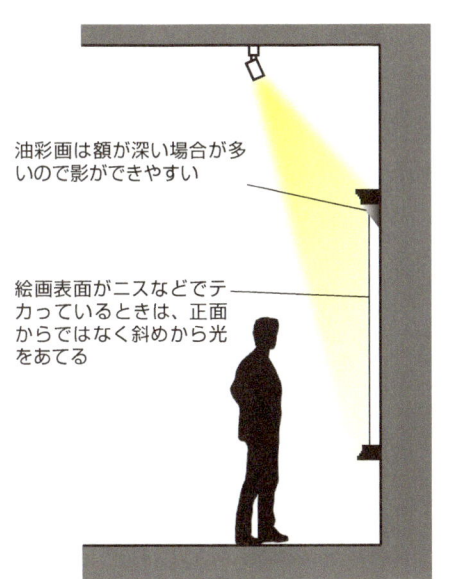

図 41-3　油彩画の照明のポイント

Chapter 3 展示物からミュージアム照明を考える

Section 2 西洋美術の照明

Stage 42 ガラス工芸の照明

　古代メソポタミアで発見されたガラスは、ヨーロッパを中心にガラス工芸として発達しました。ガラス工芸には、透明ガラスや色ガラスといったいろいろなガラス生地と、吹きガラス、型ガラス、板ガラス、被せガラス、エッチング、グラヴェールなどのいろいろな技法があります。それらを効果的に照明する方法はさまざまですが、ガラスの透過性を生かす照明が基本となります。

ガラスの質感を表現する

　透明感の高い、江戸切子やクリスタルのカットガラスなどは、拡散光だと陰影が柔らかく、シャープなガラスの質感を表現できないので、点光源の指向性が高い光を用いてガラスの質感を表現します（**図 42-1**）。

透過性を表現する

　装飾性の高い、特に被せガラスを何度も重ねたアール・デコ作品は、ガラスとしての透明度が落ちるため、例外として透過性を生かすよりも表面へのライティングが効果的ですが、基本的にガラスの質感表現には透過光が有効です。透過光で表現する場合は、作品の直上からスポットライトなどで作品の内側に光を入れるのが基本です（**図 42-2**）。そのうえで必要に応じて表面への照明を行い、透過光とのバランスを整えます（**図 42-3**）。

| キラメキ感にとぼしく、ガラスの質感が少ない | キラメキ感がガラスの質感を表現している |

図 42-1　拡散光（左）と点光源（右）による江戸切子の照明

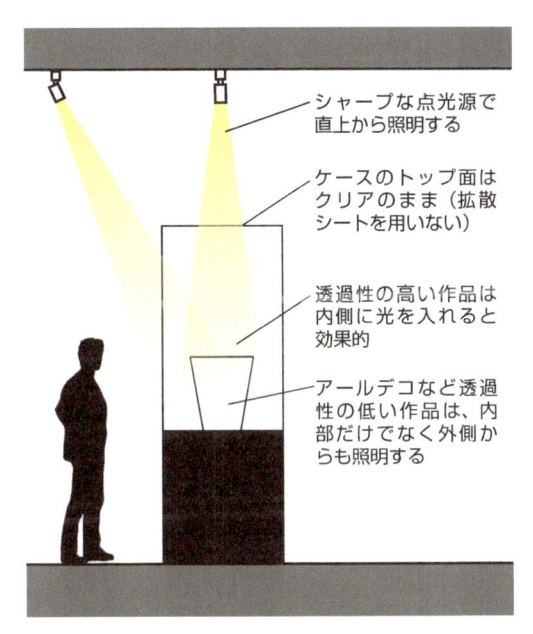

図42-2　ガラス工芸の照明のポイント

- シャープな点光源で直上から照明する
- ケースのトップ面はクリアのまま（拡散シートを用いない）
- 透過性の高い作品は内側に光を入れると効果的
- アールデコなど透過性の低い作品は、内部だけでなく外側からも照明する

小さなガラスの透明感演出

　ビー玉程度の小さなガラス工芸の場合は、うつわと違い、内側を照明することはできません。ですので単純にスポットライトで照明してもガラスのキラメキや透明感などの素材感を演出することは難しいです。その場合は、ガラスを展示する台にミラーなどを用いてスポットライトの光を反射させて、透過光を効果的に演出することができます（**図42-4**）。

図42-3　直上からの照明と表面への照明を組み合わせる

図42-4　下にミラーを敷いた小さなガラスの照明

Chapter 3 展示物からミュージアム照明を考える

Section 3 現代美術の照明

Stage 43 現代美術における照明演出

　現代美術の表現は、いわゆる「イズム」の枠にはとらわれていないため、主題や表現手法の制限はまったくなく、無限の可能性があります。照明に関しても、照明自体が作品となる場合もあれば、照明と一体化して作品が成立するものや、従来のように照明によって表現する必要のあるもの、あるいはまったく光を必要としないものも存在します。つまり照明は現代美術のあらゆる要素に対応が求められるということですので、現代美術のライティングを行うには照明に対する広範な知識が必要になります。

単波長照明

　一昔前のトンネルに見られたオレンジ色の低圧ナトリウムランプの光のように、単波長の光源下では人は色を知覚できなくなります。そこには単波長の色によるグラデーション空間、いわゆるモノカラーの世界が現れます。このような世界に入ったとき、人は色の情報だけでなく、質感など視覚を通したいろいろな情報に対する感覚が狂います。このような単波長空間は、低圧ナトリウムランプ以外では、純黄色蛍光灯やカラーHIDなどでも近い空間をつくりだすことができます（コラム3）。

紫外線照明

　紫外線照明による演出は、ブラックライトアートなど、物質の蛍光作用を利用した表現手法としてよく利用されてきました（**図 43-1**）。紫外線に反応する物質が複雑化され、例えば紫外線をあてると色が現れ、可視光線をあてると色が消える塗料や、紫外線で硬化する物質など、紫外線照明のアートへの利用範囲も広くなってきています。最近では紫外線照明がLED化して、従来のブラックライト蛍光灯のような青い可視光線がない、いわゆる目に見えない紫外線のライティングも可能となっています（**図 43-2**）。

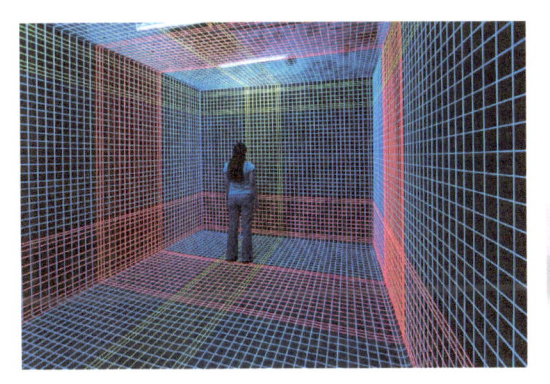

図 43-1　UVを使った作品の例
©Jeongmoon Choi "Birdcage"(2006)
threads, black-light

図 43-2　UV-LED
照射装置

演出系の照明

　演出系の照明は、コンサートや演劇といったステージライティングでよく使われます。代表的なものには、ムービング、ミラースキャン、カラーウォッシュ、レーザー、サーチライト、プロジェクターなどがあります（**図 43-3**）。これらの照明機材は単独でもいろいろな効果が得られますが、紗幕などステージで使う資材と一緒に用いることにより、より効果的な演出が可能となります（**図 43-4**）。

図 43-3　カラーウォッシュライトアップ　高橋匡太《いろとりどりのかけら》
©Mitsutaka Kitamura 十和田市現代美術館

図 43-4　ムービングスポットライト（左）とその使用例（右）

現代美術における照明演出　Stage 43

Section 3 現代美術の照明

Stage 44 写真の照明

印画紙に感光材を用いて、カメラ・オブスクラの画像を定着させる写真技術は、19世紀初頭に開発され、ここに写真としての表現が成立しました。現在では、写真はデジタルへとその表現領域を広げてはいますが、最終のアウトプット手段としてはプリントが主流です。

写真展示の照明のくみたて

写真展示も多くの場合、プリントした作品を額装してオープン壁面展示します。スポットライトで照明するときに映り込みと同時に気をつけたいのが印画紙の表面仕上げによって求められる光の照射角度が違う点です。例えば粗いマット地の場合、照射角度が浅いと黒い部分もグレーに見えるように全体が白茶けた雰囲気になります。また、逆に光沢紙の場合は照射角度が深いほうが画面が白茶ける傾向にありますので、照明の位置に注意します（**図 44-1**）。

また写真作品では、額装がシンプルなことが多く、額装しない場合もあります。そのときは、普通のスポットライトで壁と同時に照明すると壁と同化して作品が壁に埋もれてしまいますので、カッターライトで作品のみを照明します。

展示写真の時間感覚

風景など、時間が表現された写真の場合、照明においても光色や光のあてる方向を写真内の時間に寄り添わせるとより素直に作品の空間性を表現できます。たとえ写真に太陽が写されていないとしても、写されたものの影の伸びにより、だいたいの時間は把握できますし、影の方向により太陽のあるべき方角も推測できます（**図 44-2**）。

光を照射すべき角度は
印画紙の表面仕上げによって異なる

作品のみを照明する
カッターライトも効果的

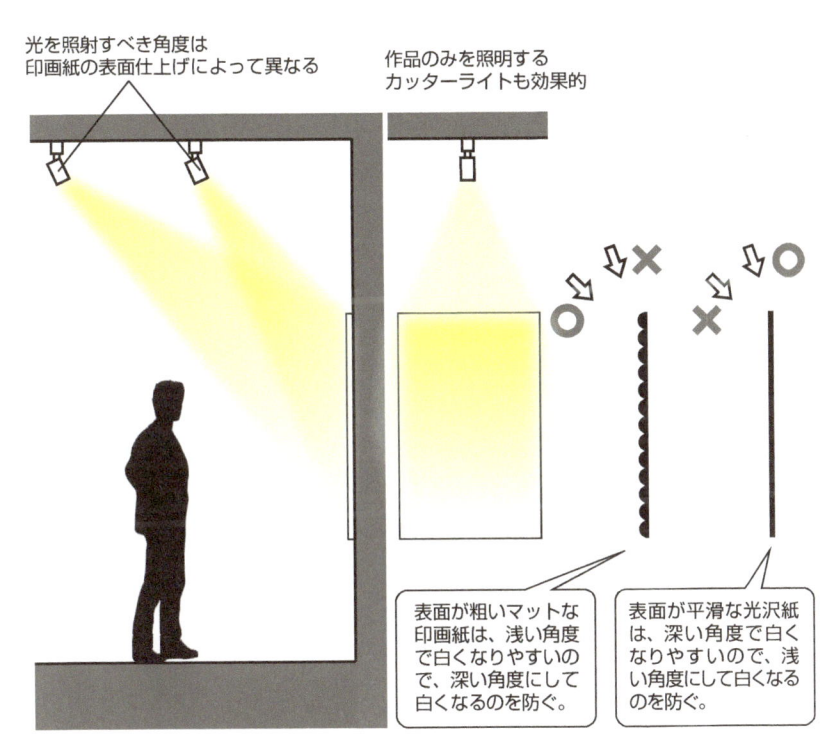

表面が粗いマットな印画紙は、浅い角度で白くなりやすいので、深い角度にして白くなるのを防ぐ。

表面が平滑な光沢紙は、深い角度で白くなりやすいので、浅い角度にして白くなるのを防ぐ。

図 44-1　写真の照明のポイント

図 44-2　写真に表現された時間に合わせた光の入射角によるライティング

写真の照明 | Stage 44

Section 4 自然科学系展示の照明

Stage 45 自然系展示物の照明

　動植物から岩石、宇宙まで、自然科学系博物館の展示物の対象は多岐にわたります。動植物を除けばそのほとんどが無機物であり、照度制限がないものが多く、また利用者には授業の一環で来館する児童や生徒が多いことから、全体の印象として明るめです。ここでは児童や生徒が展示物に興味をもち、学習意欲を高められる照明が求められます。

鉱石類の照明

　鉱石類のほとんどは光に対する影響が少なく、照度を高めに設定することが可能です。とはいえ、ただ単に明るい照明ではなく、色や結晶構造など鉱石の特徴を大切に照明します。また、鉱石の一部には、紫外線などに反応して蛍光を発するものもありますが、劣化には注意が必要です。

動植物の照明

　動植物は標本の形で展示されます。それぞれに特徴的な姿と色を効果的に照明します。なかでも昆虫は、光に反応するものが多く、特にモルフォ蝶などは、その翅(はね)の美しい青の光沢が顕著です。この光沢は鱗粉(りんぷん)によって得られる光沢ですので、その表情に光を反射させるような位置関係から照明するといちばん美しく光沢を表現することができます。色温度は若干高めのほうがほどよい反射色を得ることができます（図 45-1）。

化石の照明

　化石は、岩にのったレリーフ上の状態か骨格標本の形で展示されます。浅い角度から照明することにより凹凸を表現します。骨格標本は、立体物なので彫刻に近いと思われがちですが、骨格の場合、抜けた部分が多いので、スポットライトなど照明が鑑賞者の目に入りやすいため、グレアカットがポイントです。また骨格標本では、影をうまく演出すると躍動感や生命感を与える効果があります（図 45-2）。

翅の光沢がでる光の照射角度に合わせると、モルフォ蝶の魅力がでる

光の色温度を高くすると翅の光沢感が強くなる

光の色温度が低く、照射角度も合っていないので、翅の光沢感がまったくでない

図 45-1　モルフォ蝶の照明

図 45-2　化石の照明

自然界に見られる光をうまく採り入れる

　自然界には虹、雷などいろいろな光の現象があります。これらの特徴的な光現象は、舞台用照明機材で演出が可能ですが、そのような特殊な機材を使わなくとも木漏れ日の演出などは樹木展示をうまく使うことで演出することが可能です。図 45-3 では、展示の樹木越しにスポットライトの光を床に落として、木漏れ日を表現しています。このような遊び心のある光も自然科学系の博物館では来館者にとって楽しみの一つとなります。

図 45-3　木漏れ日の表現

自然系展示物の照明　| Stage 45　　97

Chapter 3 展示物からミュージアム照明を考える

Section ❹ 自然科学系展示の照明

Stage 46 建築模型・ジオラマの照明

　展示物がすべて美術品であるとは限りません。例えば建築家の展覧会では、その建築物を持って来て展示することはほぼ不可能ですから、模型を展示する場合があります。ほかにも、ある空間、土地を説明するために都市模型（ジオラマ）を展示して説明する場合があるように、展覧会では結構な頻度で模型やジオラマが使われています。これら模型の照明にも、考慮すべきポイントがいくつかあります。

建築模型やジオラマ展示の照明のくみたて

　実際の建築や空間を計画するときに方角が重要な要素であるように、建築模型やジオラマを照明する場合にも方角に注意します。まず主照明をそれら模型の実際の太陽の方角から行います（**図46-1**）。主照明は影が多重に出るのを防ぐために可能な限りスポットライト1台で照明します。これが太陽光の表現になります。ただし主照明の1台だけだと逆側がまったくの影になってしまいます。実際の自然光には太陽光だけでなく空の光（天空光）があり、太陽光の逆側も柔らかく照らされていますので、模型でも同様に軽く目立たないレベルで主照明の逆側から照明を行います。また夕方の光など角度をつけたライティングを行うと周囲に光のグレアになりますので、カッターライトにて模型のみを照らすようにします（**図46-2**）。

ジオラマの演出

　ジオラマのなかには、模型が動いたり光が動いたりする演出性の高いものがあります。このような演出では、わかりやすさがポイントになります。例えば光色では、昼間は白い光、夕方は赤い光のようにわかりやすく色を使います（**図46-3**）。

上

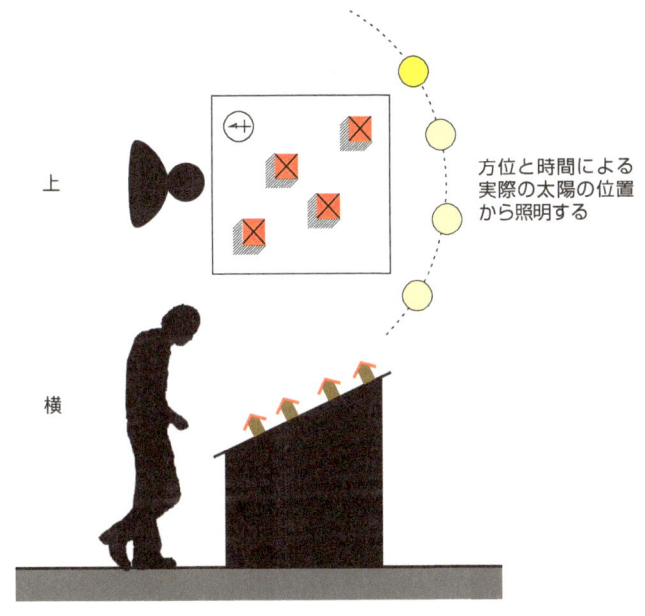

方位と時間による実際の太陽の位置から照明する

横

図 46-1　実際の太陽の方角からの主照明

実際の太陽の位置

実際の方角がわかる影の演出

カッターライトで模型のみを照らし、光を周囲に漏らさない

図 46-2　建築模型・ジオラマの照明

昼　　夕方　　夜

図 46-3　時間に応じた照明の色の変化

建築模型・ジオラマの照明　**Stage 46**

column ③ 現代作家との照明

　わたしがライティングしている作品たちのほとんどは、生みの親がこの世にいません。よくそんな手がかりもない状態で照明できるねといわれますが、そこは思い込みも含め、専門家である学芸員から作品について教えてもらいつつ、作品のよいところを引き出すように心がけています。

　そんななか、たまに生みの親が居られることがあります。そう、現代作家の展覧会です。これまでも何人かの現代作家の方々と照明をご一緒させていただきました。展覧会の設営ではじめて会って、そこから光の考え方のすり合わせを行う場合もありますし、事前に何度か実験を行って、一緒に光を構築する場合もあります。当然、事前に実験をしたほうが、完成度の高い展覧会になります。

　現代作家の展覧会を開催する場合は、ぜひ、事前に何度も実験をして満足のいく展覧会にしてください。右に掲載させていただいたのは、「KOHEI NAWA-SYNTHESIS」展（東京都現代美術館、2011年6月11日〜8月28日）です。この展覧会では、ニュートラルな白い空間が展開するなかに、いくつかの特徴的な単波長の光の空間を取り入れています。

Installation view of "KOHEI NAWA-SYNTHESIS" 2011, Museum of Contemporary Art Tokyo
Work created with the support of the Fondation d'entreprise Hermès （写真上・写真下）
Courtesy of SCAI THE BATHHOUSE　Photo : Seiji TOYONAGA ｜ SANDWICH

chapter 4

照明計画と演出

　展覧会の雰囲気を最後にとりまとめるのが照明の役割です。通常は、最後の最後に短時間でライティングをしていますが、対症療法的なライティングをするために不満の残る結果になりがちです。Chapter4 では、完成度の高いライティングを行うために事前の計画段階で何をすべきかを解説します。

Section 1 ◆ 照明計画
Section 2 ◆ 照明演出

Chapter 4 照明計画と演出

Section ❶ 照明計画

Stage 47 展示計画と光のイメージ

　展覧会が開催されるまでには、まず企画段階があり、コンセプト・作家・作品の方向性が決まり、続いて作品配置、壁紙、展示ケースなどを検討する展示計画へと移り、実施計画を経て、施工、オープンへと進みます。この流れのなかで、光の計画はどの段階でスタートすればよいでしょうか？実際には施工段階で作品展示とともに照明を行う場合が多いですが、可能ならば、企画段階で光のコンセプトづくりから検討を行うとより完成度の高い展覧会をつくることができます（**図 47-1**）。

空間の光を想像する

　よい展示空間を創造するには、理想の空間や光を頭のなかで思い描き、関係者と共有することが重要です。共有するのにいちばんよいのは、スケッチなどのビジュアルで伝えることですが、これには絵心や時間が必要ですので、多くは言葉で光の状態を説明します。とはいえ、慣れていないと、照明を言葉にすることも簡単ではありません。そこで、**表 47-1** に共有や説明のツールとして、光の状態を表す代表的なイメージワードをあげます。これらの言葉を組み合わせることで、展覧会全体や各ゾーンの光のイメージを設計者や施工者に伝えたり、コンセプト段階で活用することができます。このイメージワードはほんの一例です。自分のオリジナルワードを追加して、より使いやすいツールへと発展させてください。

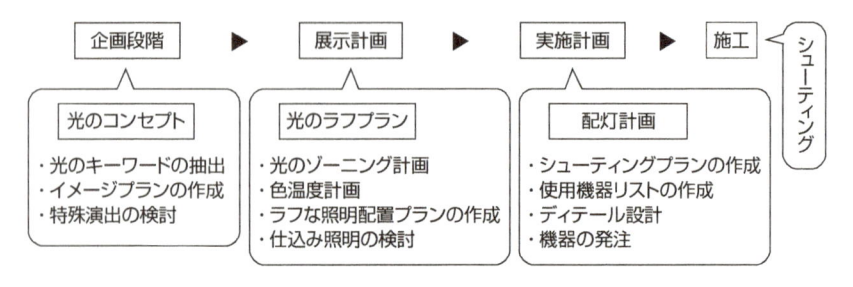

```
企画段階 ▶ 展示計画 ▶ 実施計画 ▶ 施工 → シューティング

[企画段階]
光のコンセプト
・光のキーワードの抽出
・イメージプランの作成
・特殊演出の検討

[展示計画]
光のラフプラン
・光のゾーニング計画
・色温度計画
・ラフな照明配置プランの作成
・仕込み照明の検討

[実施計画]
配灯計画
・シューティングプランの作成
・使用機器リストの作成
・ディテール設計
・機器の発注
```

図 47-1　展覧会開催までの流れ

表47-1 光のイメージワード

光の要素	レベル	イメージワード
明るさ	明↑↓暗	太陽の光、大空の下、青空、突き抜けた、覚醒するような 昼下がり、薄曇り、オフィスのような、クリアな 夕暮れ時、柔らかな、落ち着いた、ヒューマンな、リビングのような 月光の下、薄暮のなか、行灯の薄明かりのなか、おぼろげな、さびしげな、お堂のなか 新月の夜、暗闇のなか、洞窟のなか、漆黒の
光色	暖↑↓寒	赤い、夕焼け、灯火の下、灼熱の、燃えるような 陽だまり、温かな、だんらん、温もりのある 白い、オフィスのような、ニュートラルな、澄んだ 青白い、さわやかな、涼しげな 青い、青空、宇宙、青い洞窟のなか、海のなか、冷たい、凍るような
分布	均一↑↓分散	フラットな、面のような リズミカルな、整理された 変調させた、遊びを入れた、崩した ランダムな、イルミネーションのような、ちりばめた、星空 ばらばらな、カオス
重心	高↑↓低	見上げるような、外光のような、覆うような、圧迫感のある 上方の、軽い、ニュートラルな、存在感のある、活動的な 視線高さの、ヒューマンスケールの、自然な 手元の、落ち着いた、どっしりとした、安定感のある、重い 足元に、地面から湧き立つような、沈んだ、置かれた
配光	拡散↑↓集中	おぼろげな、包み込むような、障子越しの、バウンド光、曇天 ぼかした、柔らかい、ソフトな、広がりのある、ほわっとした ソフトフォーカスな、素直な、ほどよいかたさの、にじむような シャープな、かたい、強調した、くっきりとした ピンポイントの、エッジのきいた、フォーカスされた、輪郭がはっきりした
陰影	強↑↓弱	きつい、厳しい、深刻な かたい、重い、意志のある、彫りの深い、メリハリのきいた 普通の、ほどよい、質感のある 柔らかい、やさしい、軽い、彫りの浅い、メリハリのない つるっとした、起伏のない、平板な、しまりのない

Chapter 4 照明計画と演出

Section 1 照明計画

Stage 48 展示空間を光で表現する

　展覧会は作品がないと成り立ちませんが、ただ作品を漠然と並べただけでは、鑑賞者は作品の世界に入り込めませんし、展覧会に身を委ねて鑑賞することもできません。鑑賞者を作品世界にうまく誘導するために、展示コンセプトや展示デザイン、そして光の計画があります。光の計画は、展示コンセプトや展示デザインと整合させることで、より明快な展示空間をつくりだすことができます。そのためには、学芸員・設計者などの関係者が光のイメージを共有する必要があります。

光のイメージを共有する

　光のイメージを共有するには、**表47-1**で表したようなイメージワードを使う方法もありますが、画像を使うとよりダイレクトに共有することができます。画像にイメージワードを組み合わせて使うことで、よりイメージが明確になります。画像には、コンセプチュアルイメージと類似空間例があります。コンセプチュアルイメージ例を**表48-1**にまとめます。このような画像を用いて、イメージボードや空間構成イメージを作成します（**図48-1**）。また類似空間例は、そのミュージアムの過去の展覧会画像や他館の似た展覧会画像を分類ストックしておいて、その都度選択して使います。

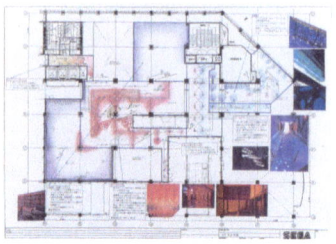

図48-1　画像をコラージュしてつくったイメージボード（左）と展示計画に画像を組み合わせた空間構成イメージ（右）

表 48-1　コンセプチュアルイメージ

内容	イメージ画像
時間 [朝〜夜]	
季節 [春〜冬]	
時代 [過去/現在/未来]	
地域 [西洋/東洋/その他]	
その他 [宇宙空間/仮想空間/精神世界]	

光のイメージで空間をつなぐ

　展覧会にはコンセプトと同時にストーリーがありますので、光も展覧会のストーリーに沿って空間をつないでいきます。例えば、ある作家をクローズアップした展覧会では生誕から没年までを時間軸で移り変えるなどです。空間の展開を、動線計画とともに光のイメージでつなぐと、より明確に展覧会場を構成することができます（**図48-2**）。

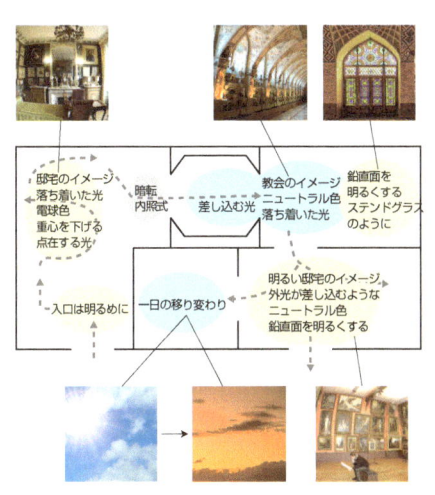

図 48-2　光のコンセプトとゾーニング計画
←----：鑑賞者の動線を示す

展示空間を光で表現する | **Stage 48**　105

Chapter 4 照明計画と演出

Section 1 照明計画

Stage 49 照明計画とチェックポイント

　展覧会の空間や光のイメージが共有できたら、続いて展示計画から実施計画へと進みます。照明も、ラフな照明イメージプランから配灯計画へと進みます。また、計画と同時に器具の過不足をチェックします。

機器リストを作成しよう

　コンセプトが固まったら照明計画へと進みますが、その前に、自館の保有する照明機器について把握していなければなりません。管理のためには照明機器にナンバリングを施し、個別にリスト化することをおすすめします。リスト化することにより、展覧会での必要台数のチェックや不足機器の把握、また、故障機器のチェック、紛失などにも備えることができます。

　リストでは、照明器具本体だけでなく、その器具に使用されるランプやフィルターなどのアクセサリー類も併せて管理します（**表 49-1**）。

表 49-1　保有機器リスト例

機器名称	ナンバー	状況	球替え日	アクセサリ		
				内容	品番	個数
12V-75W ハロゲン電球 スポットライト 配光狭角 Panasonic ND……	75.001		2014/05/01	UV-IRカット フィルター		40
	75.002		2013/10/05	色温度変換 フィルター		5
	75.003	故障	—			
	⋮	⋮	⋮	⋮	⋮	⋮

機器名称	ナンバー	状況	購入日	アクセサリ		
				内容	品番	個数
10W LED スポットライト 色温度 2,800 K 配光中角 Panasonic NL……	10WN001		2013/10/01	スプレッドレンズ		50
	10WN002		2013/10/01			
	⋮	⋮	⋮	⋮	⋮	⋮

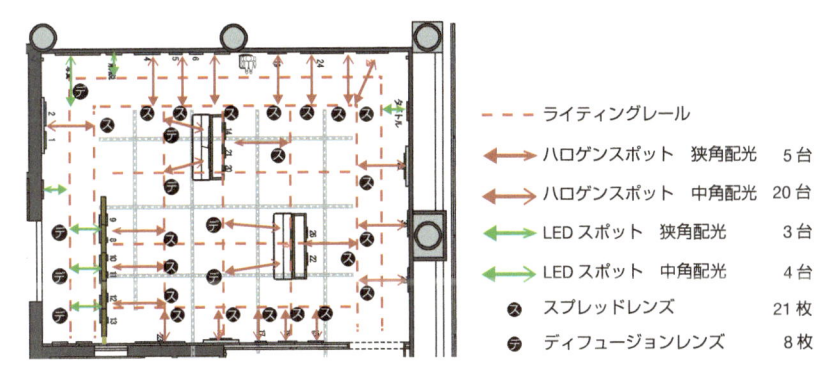

図 49-1　照明機器を書き込んだ平面配置図

凡例:
- --- ライティングレール
- ハロゲンスポット　狭角配光　5台
- ハロゲンスポット　中角配光　20台
- LEDスポット　狭角配光　3台
- LEDスポット　中角配光　4台
- ス　スプレッドレンズ　21枚
- テ　ディフュージョンレンズ　8枚

必要機器のカウント

　展覧会での必要台数を算出するには、各作品にどの照明器具が何台必要かをまとめます。それをもとに平面配置図に照明機器を書き込み（**図 49-1**）、使用機器リストで必要台数をまとめます（**表 49-2**）。そのとき同時に保有機器リストと照らし合わせて機器が足りているかどうかチェックし、不足する場合は速やかに機器の発注を行います。

表 49-2　使用機器リストで必要台数をカウントする

ゾーン	器具	配光	必要台数	オプション		
				スプレッドレンズ	ディフュージョンレンズ	色温度変換フィルター
ゾーン A	12V-75W ハロゲンスポット	狭角	5	5	0	5
		中角	20	16	4	20
	10W LED スポット	狭角	3	0	0	0
		中角	4	0	4	0
ゾーン B	⋮	⋮	⋮	⋮	⋮	⋮
ゾーン C	⋮	⋮	⋮	⋮	⋮	⋮
合計	12V-75W ハロゲンスポット	狭角	18	50	38	88
		中角	70			
	10W LED スポット	狭角	20	10	25	0
		中角	36			

照明計画とチェックポイント　｜　Stage 49

# Chapter 4 照明計画と演出

Section 2 照明演出

Stage 50 照明で演出してみよう

　照明を演出に使うことは、火しか人工光源がなかったころから行われてきました。それは、装置や内装を使った演出よりも安価で簡易に効果を得ることができるためです。展示においても博物館を中心に光による演出の機会が増えてきています。演出のための演出は本末転倒ですが、展示物をより深く楽しむために必要であるならば、ぜひとも演出にチャレンジしてください。

演出の種類とその効果

　演出を行う前提として、どのような効果を得たいかを明確にする必要があります。例えば展示作品の制作された時代を感じてほしいとか、ある空間で1日の時間の流れを疑似的に体験してほしいなどです。演出の目的と空間の条件、予算を併せて検討し、演出の方法を確定します。**表 50-1** に演出目的の例、その表現方法についてまとめます。

表 50-1　演出目的と表現方法の例

演出目的（内容）	表現方法　かっこ内は例
時間の流れを感じさせる（朝〜夜）	・空間の光色を変化させる（日中：6,000 K→夕：2,200 K→夜：ブルー） ・空間の明るさ感を変化させる（昼をピークにしてフェードアウトさせる） ・光の入射方向を変化させる（昼は真上から、徐々に斜めから）
季節の流れを感じさせる（春〜冬）	・空間の光色を変化させる（春：ピンク→夏：ブルー→秋：オレンジ→冬：ホワイト） ・光の強さイメージを変化させる（春：拡散光→夏：真上からのスポット光→秋：斜めからのスポット光→冬：全拡散光） ・季節によって時間イメージを変化させる（春はあけぼの、夏は夜、秋は夕ぐれ、冬はつとめて）
時代の流れを感じさせる（昔〜現代）	・空間の光色を変化させる（現代：5,000 K、昔：2,700 K） ・光の重心を変化させる（現代：重心を上げる、昔：重心を下げる） ・配光を変化させる（現代：フラットな光、昔：点在した光）

演出は必ずしも動く必要はない

　演出と聞くと、タイマーやシステムで光が動いたり、音が鳴ったりというものを想像すると思います。眼前で移り変わる演出が効果的なのは確かですが、そのような大がかりなシステムを使わずに演出することも可能です。

　ミュージアムではない施設の例ですが、ある周回型のアミューズメント施設では、ゾーンごとにテーマ時間を定めて、来館者がゾーン間を移動することにより時間の移り変わりを感じられるようにしています（**図50-1**）。

　どのような演出においても鑑賞者にわかりやすく、鑑賞者が共通の認識をもつ必要があります。そのための光の設えとしては、光色、強さといったライティングの要素以外にも、時代や国などの様式を意識したキャラクターライトを使用するとよりわかりやすくなります（**表50-2**）。

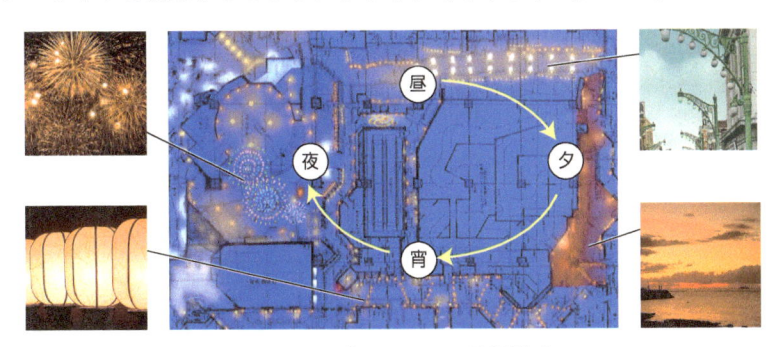

図50-1　ゾーンごとの時間演出

表50-2　西洋と日本におけるキャラクターライトの違い

西洋	日本
・シャンデリア ・燭台（しょくだい） ・ランプ ・ステンドグラス	・行灯（あんどん） ・ぼんぼり ・ちょうちん ・障子越しの光

照明で演出してみよう　Stage 50

Chapter 4 照明計画と演出

Section ❷ 照明演出

Stage 51 演出のシステムと機器

　実際の演出では、いろいろな専用のシステムや機器を使用します。その多くは照明の専門家しか扱わない、一般には知られていないものですが、なかには簡単に使えて効果を得ることができるものもたくさんあります。ここではそのような機器や機材を紹介します。

光色の演出

　光色を演出するには、カラーランプを光源とするかカラーフィルターを使って光に色をつけます。専用のカラーフィルターがある機器もありますし、なければ舞台照明などで使用するカラーフィルターが熱に強く、種類も豊富ですのでおすすめします。サイズはいろいろありますが、細かく切り分けるにはシネサイズ（610 mm × 610 mm）を購入するとよいでしょう。蛍光灯に巻くなどの用途で長いサイズが必要ならば、ロール（幅 1,220 mm）で長さを指定して購入することも可能です。**表 51-1** に照明器具ごとに代表的なカラーランプ、フィルターをまとめます。

表 51-1　代表的なカラーフィルター

照明器具	カラー機材	特徴	メーカー例
スポットライト	専用カラーフィルター	ガラス製が中心。光と熱に対する色の耐久性がある。色の種類に制限がある。	各照明メーカー
スポットライト	市販カラーフィルター	舞台照明用カラーフィルムを使用。耐熱性が低い。色が1～2カ月でとぶ。色数が豊富。	LEE Filters、ROSCO など
蛍光灯	カラー蛍光灯	一般的な蛍光灯には赤・青・緑・黄色がある。色温度は数種ある。	パナソニック、東芝ライテックなど
蛍光灯	市販カラーフィルター	舞台用カラーフィルムを蛍光灯に巻く。3カ月程度で色がとぶ。色数が豊富。	LEE Filters、ROSCO など
LED	色温度変換LED	2種類の色温度のLEDを混光して色温度を変化させる。2,500～5,000 K 前後。	ラインタイプは CCS など　スポットタイプは ITL など
LED	フルカラーLED	RGB(W)の3(4)色のLEDを混光する。フルカラーは得意だが白色表現は苦手。	カラーキネティクス、トラクソンなど

図像やサインを映し出そう

　光でマークやサインなどを壁や床に映し出しているのを見かけたことがあると思います（**図 51-1**）。図像を投影するためには、その形の種板（たねいた）が必要で、この種板のことを照明の専門用語でGOBO（ゴボ）と呼びます。ゴボを、焦点を合わすことのできるカッターライトに取り付けて投影します（**表 51-2**）。ゴボは、ガラスにアルミ蒸着してつくる精度が高いものと、金属板をカットしてつくるものがあります。どちらも専門業者で製作してもらうことが可能ですが、金属板をカットしてつくるタイプは自作も可能です。厚さ 0.1 〜 0.2 mm のアルミ板を使い、精密ナイフなどを使用すると細かなパターンもつくることができます。

図 51-1　GOBO による演出

表 51-2　GOBO の種類

機材	GOBO の種類	特徴
カッターライトなど	ステンレス（アルミ）GOBO	薄板をカットして製作。表現に制限あり。自作可能。
	ガラス GOBO	ガラスにアルミ蒸着して製作。複雑な模様も OK。版下を入稿して製作。

column ❹ 仏像をホームグラウンド（＝お堂）で照明する

　仏様を拝観するのは、お寺と博物館どちらがよいですか？　たしかにホームグラウンドはお寺ですが、欲深い美術愛好者のなかには、暗いお堂ではよく見えないとご不満の方もちらほら。とはいえ、扉を開いて自然光を入れると仏様が紫外線でどんどん傷んでしまいます。

　ここでは、本堂に居られる御本尊と十二神将を照明で自然に浮かび上がらせるライティングをしてほしいという新薬師寺さんからのミッションを紹介します。

Before
　蛍光灯が仏様を照らしつつも、拝観には光が邪魔な状態です。出入口として開いている扉側が明るく、逆側の奥は暗く、十二神将が影になっている状態でした（Before 輝度分布）。

After
　国宝建築物という制約のなか、実験を重ねてそれぞれの仏様にとってのベストライティングポイントを見つけ出しました。余計な外光は暗幕で遮断しました。ホームグラウンドならではの、この空気感を博物館で出すのは、ちょっと難しいかもしれませんね（After 輝度分布、完成写真）。

Before 輝度分布

After 輝度分布

完成写真

chapter 5

照明機材の取り扱いと
ライティング

ミュージアムでは学芸員が照明機器を取り扱う場面が多々あります。照明機器は星の数ほど種類がありますが、ミュージアムでは、そのうちの限られた種類の光源、機器を使っています。Chapter5 では、そのような照明機器とライティングについて解説します。

Section 1 ◆ 照明の管理
Section 2 ◆ 照明機材とその扱い
Section 3 ◆ ライティング基礎

Chapter 5 照明機材の取り扱いとライティング

Section 1 照明の管理

Stage 52 照明を計測する機器たち

　照明器具を実際に取り扱う前に、まずは光を扱うための大前提である光の計測について知っておく必要があります。光の計測機器には、多くの種類がありますが、そのなかでミュージアムにおいて必要とされる機器について説明します。

光の計測機器

　ミュージアムで行われる光の計測は、これまでは照度計を使って、照度のみを計測対象としてきました。しかし、LEDなどの新しい光源の出現や外光を採り入れるなど、ミュージアム施設の光の多様化で、計測してチェックすべき光の要素が増えています。これら、計測すべき要素とそれを計測する機器について**表 52-1** にまとめます。

　照度を測る照度計以外には、紫外線、色温度、演色性、分光特性など光の質を測るものと、輝度、空間輝度分布などの光の強さを測るものがあります。

光の質を測る

　表 52-1 のなかで、分光放射照度計は高価なものですが、照度、色温度、演色性、分光特性といった光の要素の多くを同時に測定することが可能な機器です。特にLEDのように、メーカーによって光の質が大きく異なる光源の場合、その管理や導入にあたっては有用な測定機器といえます（**図 52-1**）。

校正をしよう

　これら計測機器について、ほとんどのミュージアムで実施されていない重要なことがあります。それは校正です。校正とは、経年変化や劣化などによって、正しい計測ができなくなったときに、原点調整し、正しい計測ができるようにすることです。照度計などで、校正の必要な期間の目安は2年とされています。

表 52-1　光の計測機器

計測要素		代表的な機器	主な測定内容・範囲
光の質	照度	照度計 ・T-10A/T-10MA（コ） ・IM-600/IM-600M（ト）	0.01〜299,990 lx（コ） 0.005〜999,000 lx（ト）
	紫外線	紫外線強度計 ・UVR-300（ト） 　UV-250 　UV-360 　UV-400	UD-250：220〜300 nm UD-360：310〜400 nm UD-400：360〜490 nm
	色温度	色彩照度計 ・CL-200A（コ）	相関色温度 色度・色差 照度 0.1〜99,990 lx 刺激値
	演色性・分光特性など	分光放射照度計 ・CL-500A（コ） ・IM-1000（ト）	演色評価数（Ra、R_1〜R_{15}）相関色温度 色度　照度 分光放射照度値（360〜780 nm）
光の強さ	輝度	輝度計 ・LS-100/LS-110（コ） ・BM-9（ト）	LS100： 0.001〜99,990 cd/m^2 LS-110： 0.001〜999,900 cd/m^2
	空間輝度分布	画像輝度計測システム ・RISA-DCJ（ハ）	輝度カラー画像 色度

（コ）コニカミノルタ(株)、（ト）(株)トプコンテクノハウス、（ハ）(有)ハイランド

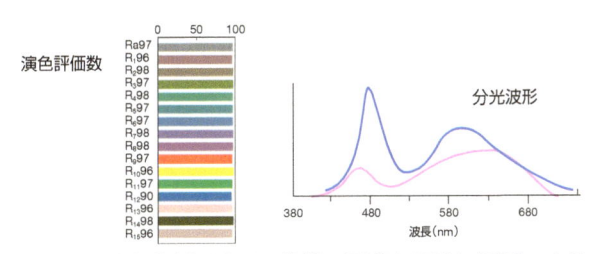

図 52-1　分光放射照度計は複数の要素を同時に計測できる

Chapter 5 照明機材の取り扱いとライティング

Section ① 照明の管理

Stage 53 実際に照度を測ろう

　照度は、ほぼすべてのミュージアムで測定されている光の要素です。照度は照度計で測定します。照度計の規格は JIS によって定められており、基本的には JIS 規格に準拠した照度計を用います。

照度計の実際

　照度計には安価なものから高価なものまでいろいろとあります。価格でいうと 1 万円弱のものから 10 万円程度のものまであり、どうしても安価なものを購入せざるを得ない場合があります。
　購入するときに目安となるポイントは以下のとおりです。
・500 lx 以下の分解能が 0.1 lx であること
・ホールド機能があること
・キャリブレーション機能があること
・斜入射光特性が 60°で、誤差 ±10％程度であること

照度の測定方法

　取り扱いは機器によって多少違いますが、コニカミノルタの T-1 を例に説明します（**図 53-1**）。
　まず、受光部にふたをしたまま電源スイッチをいれます。そうすると画面に CAL と現れます。これは calibration（キャリブレーション）のことで、ふたをして光を遮断することで測定の基準値に正す行為です。照度計では、電源を入れるたびにふたをしてキャリブレーションを行うことが必要です。続いて測定です。照度は基本的に受光部を測定面に対して平行に構えて測定します。このときの注意点としては、作品に触れないように気をつけるのはもちろんのこと、測定者自身が作品と照明機器のあいだに立って光をさえぎらないことが重要です。もしも身をかわすために、その場で測定値を見ることができない場合は、ホールドボタンを押して数値を止めてから測定値を確認します。

照度に関する注意点の一つに、光源による測定値の違いがあります。照度計は、電球の波長に近い基準光源A（2,856 K）に、人間の比視感度をかけたものをベースに照度を演算しています。ということは、電球と違う波長の光の測定値は、実は若干誤差が生まれるということです。光源補正機能をもつ照度計では、使用光源ごとに補正して照度を測定することができきます。

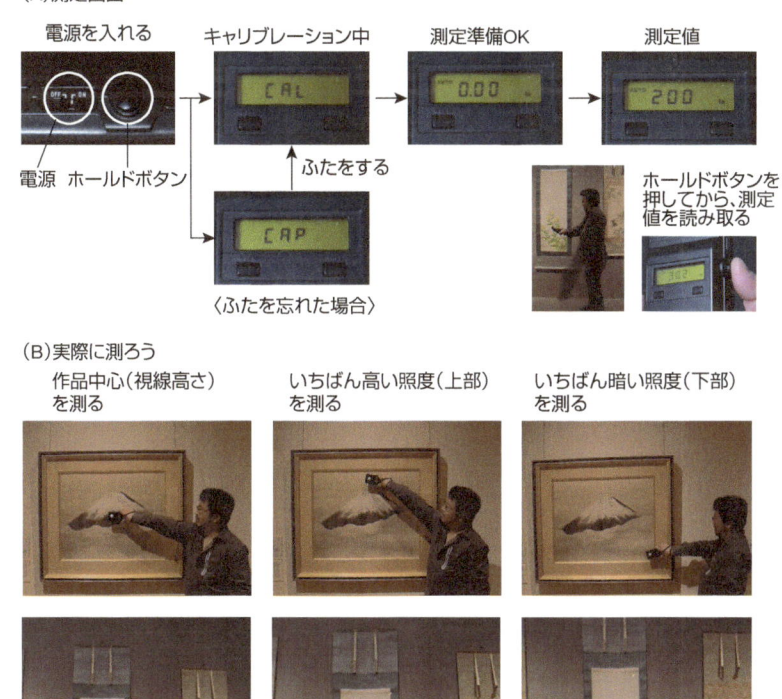

(A) 測定画面
電源を入れる　キャリブレーション中　測定準備OK　測定値
電源　ホールドボタン　ふたをする
〈ふたを忘れた場合〉
ホールドボタンを押してから、測定値を読み取る

(B) 実際に測ろう
作品中心（視線高さ）を測る　いちばん高い照度（上部）を測る　いちばん暗い照度（下部）を測る

図 53-1　照度の測定方法

Chapter 5 照明機材の取り扱いとライティング

Section 2 照明機材とその扱い

Stage 54 ミュージアム用光源〈ハロゲン電球〉

　ハロゲン電球は、スポットライト光源としていちばんよく使われています。形状には反射ミラー付きとミラーなしがあります。現在、反射ミラー付きは LED 電球化が急速に進んでいます。電圧タイプは 100 V タイプと 12 V タイプがあり、12 V タイプの多くは電圧を落とすダウントランスが器具側に付いています。

ハロゲン電球の種類

　ハロゲン電球は、スポットライトを中心にいろいろな機器で使用されており、その形状や口金は多岐にわたります。ミュージアムで使用する代表的なハロゲン電球の種類を**表 54-1** にまとめます。ハロゲン電球使用時の注意点は、決してランプのガラス部を素手で触らないことです。これは指の脂の付着によるガラスの割れを防ぐためです。

　また、ハロゲン電球は、赤外線を反射したり透過させる特殊な膜処理をガラスに施すため、その膜の性能差により光の色に個体差が生じます（**図 54-1**）。そのときは色ムラの方向性を、タイプ別に選別して使い分けます。

表 54-1　ミュージアムにおける代表的なハロゲン電球

反射ミラーの有無	電圧	口金	形状	
有	12V	ピン式 GY6.35	スクリュー式	ピン式
		スクリュー式 EZ10		
	100V	スクリュー式 E11		
無	12V	ピン式 GU5.3、GZ4	スクリュー式	ピン式
		スクリュー式 EZ10		
	100V	スクリュー式 E11		

ハロゲン電球は白熱電球と同様に調光すると光の色味が赤くなるので使用時には色温度変換フィルターを使用するなどして光の色を補正します。

ハロゲン電球のLED化

世の中の省エネルギー化により、急速にハロゲン電球のLED化が進んでいます。照明器具はそのままで、ランプのみを取り換えられるのはミラー付きタイプですが、ランプを換えるだけでは使えない場合もあるので、注意点をあげておきます。

① 演出性能について

ほとんどのLED電球は、平均演色評価数Ra80程度で、Ra90以上のランプは現在数種類しかありません。Raをチェックする必要があります。

② 調光性能について

ほとんどのLED電球は、調光できません。一部調光可能なLED電球がありますが、ライトコントロールが適合するか確認が必要です。個別調光の場合は、20%以下に絞れないものがほとんどです。

③ 適合する器具について

ミラー付きタイプは、ミラー部分がそのまま放熱を行う役割をもっています。ですので、ミラーを覆うタイプの器具では熱がこもりLEDの寿命を短くする可能性が高いので、ミラーを覆わないタイプの器具を使用します（**図54-2**）。

これら以外にも、LED電球はメーカーにより光の色が異なりますので、実物での確認は必須です。

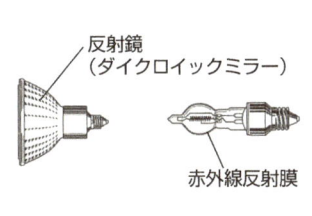

図54-1 ミラー蒸着ムラ（左）と赤外線反射膜の蒸着ムラ（右）の生じるハロゲン電球

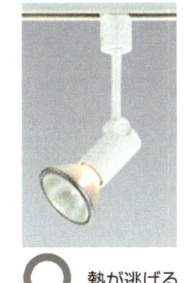

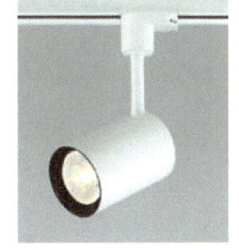

図54-2 ミラーを覆わないタイプ（左）と覆うタイプ（右）の照明器具

Section ❷ 照明機材とその扱い

Stage 55 ミュージアム用光源<蛍光灯>

　ミュージアムでは、演色性に優れ、紫外線吸収膜の付いた専用の蛍光灯を使用します。このような専用蛍光灯は、日本オリジナルのものであり、日本のミュージアムにおいてたいへん重要な光源です。

蛍光灯の種類

　高演色の蛍光灯には、色評価用蛍光灯と美術・博物館用蛍光灯があります。この二つの違いは、紫外線カットの有無です。美術・博物館用蛍光灯では、ランプの表面に紫外線吸収膜を取り付けています（**図 55-1**）。紫外線吸収膜は、その名のとおり、紫外線を吸収して外に放出しないという機能をもっています。また、ランプが割れたとしても、膜のおかげで四方八方にガラスが飛び散らず、ランプ下の安全性を高く保ちます。蛍光灯の口金はピン形状ですが、ソケットには、回転式とバネ式がありますので注意が必要です。

　また、安定器により適合する蛍光灯は異なります。ミュージアムで使用する蛍光灯について、**表 55-1** にまとめます。

　蛍光灯の光の色は、その蛍光体の成分によって決まりますが、製造メーカーによって使っている蛍光体とその配合が異なりますので、同じ電球色であっても、メーカーによって光の色が微妙に異なります。

　調光特性については、光の色は調光によりやや変化しますがハロゲン電

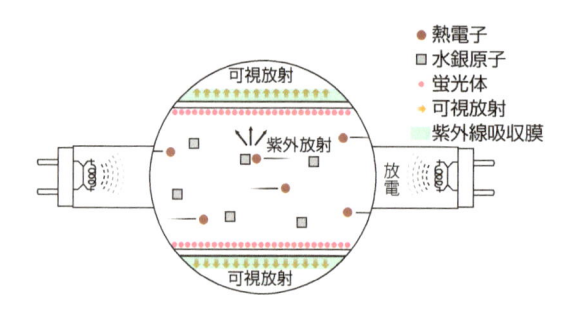

図 55-1　蛍光灯の光（美術・博物館用蛍光灯）

表 55-1 ミュージアムで使用する蛍光灯

蛍光灯	適合安定器	ワット数	光色（K）	演色性
美術・博物館用スタータ形蛍光灯	銅鉄式安定器（非調光）	20W 40W	3,000 4,200 5,000	Ra95 Ra90 Ra99
美術・博物館用ラピッドスタータ形蛍光灯	銅鉄式調光安定器 インバータ式調光安定器	20W 40W	3,000 4,200 5,000	Ra95 Ra90 Ra99
美術・博物館用 Hf 蛍光灯	Hf インバータ式調光安定器	32W	3,000 4,000 5,000	Ra95 Ra97 Ra99

球ほどではありません。また適合のライトコントロールは**表 55-1** の安定器の種類により異なります。インバータ式、Hf インバータ式は 5%まで調光することができます。一方、古い銅鉄式は 50%の調光でちらつくことがあります。

蛍光灯のLED化

　ランニングコストを下げるために、また水俣条約が契機となって、直管蛍光灯の LED 化が進んでいます。直管 LED として、従来の蛍光灯と同じ形状のピンタイプが当初流通しましたが、誤挿入の恐れがあるため、2013（平成 25）年に専用の L 形ピン口金（GX16t-5）が JIS 規格化されました（**図 55-2**）。一般の直管 LED は Ra70 〜 85 ですが最新の L 形ピン口金タイプには、Ra95 以上の高演色のものがあります。また直管 LED は直管蛍光灯に比べ重量があり、従来のピンタイプでは落下の危険性もあります。ですので、ミュージアムでは規格化された L 形ピンの直管 LED が安全といえます。

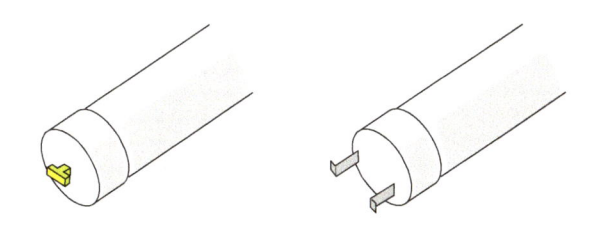

図 55-2　L 形ピン口金

Chapter 5 照明機材の取り扱いとライティング

Section ❷ 照明機材とその扱い

Stage 56 ミュージアム用照明器具
＜スポットライト＞

　スポットライトはミュージアムにとって必須の照明器具です。ほとんどのミュージアムで使われており、機能・形状にもいろいろな種類があり、展示内容に合わせた適切な器具の選択が必要となります。

スポットライトの種類

　スポットライトは配光機能の違いから、一般スポットライトとウォールウォッシャスポット（ライト）、そしてカッターライトの3種類に分けられます（**表 56-1**）。ウォールウォッシャスポットは、壁面などをフラットに照らすスポットライトで、カッターライトはレンズを使って焦点を合わせ、GOBO で図像や文字を映し出したり（Stage 51、58）、余分な光をカットして照らすスポットライトです。スポットライトは、通常、展示室の天井などに設置されたライティングレールに取り付けます。ライティングレールにはいくつかの種類があり、ほとんどの施設が JIS 規格の一般的なライティングレールを使用していますが、まれに特殊なタイプを使用している施設があります。特殊なライティングレールでは専用のスポットライトしか取り付けられないので、器具の選択肢が大幅に狭くなります（**表 56-2**）。ライティングレールは JIS 規格のものに取り換えることをおすすめします。

スポットライトのLED化

　スポットライトの LED 化が急速に進んでいます。LED スポットライトには、LED を取り換えることのできない LED 一体型器具と、ミラー付き LED 電球を光源としたタイプの二つがあります。LED 一体型には、レンズで配光を制御する多粒タイプのと、ミラーで配光を制御するワンコアタイプがあり、それぞれ特徴があります（**表 56-3**）。ただし選択する場合には、以下の内容を満たした仕様の器具を選択するようにしましょう。

・演色性が高いこと（できれば Ra95 以上）
・個別調光ができ、調光範囲が 0 〜 100％であること。（5 〜 100％の場

合は消灯できること）

・レンズやフィルターなどのオプションが装着可能なこと

詳しい LED 選択のポイントは、Stage 67、68 を参照してください。

表 56-1　スポットライトの種類

一般スポットライト	ウォールウォッシャスポット	カッターライト

表 56-2　ライティングレールの種類

一般的なスポットライトが取り付けられるライティングレール	
一般ライティングレール	重量用ライティングレール
パナソニックほか	パナソニックほか
一般的なスポットライトが取り付けられないライティングレール		
12V 用ライティングレール	ギャラリーライン	ファクトライン 30
パナソニック	パナソニック	パナソニック
AUTOTRAK R	AUTOTRAK G	
YAMAGIWA	YAMAGIWA	

表 56-3　LED 一体型器具

多粒タイプ	ワンコアタイプ
レンズで配光を制御する。小型で狭角配光まで可能。マルチシャドウができやすい。フード、スプレッドレンズとの相性が悪い。	ミラーで配光を制御する。狭角配光だと器具が大きくなる。スカラップができやすい。

Chapter 5 照明機材の取り扱いとライティング

Section ❷ 照明機材とその扱い

Stage 57 スポットライトの取り扱いとチューニング

スポットライトは、ミュージアムでいちばん活躍する器具です。スポットライトを自由自在に扱えるようになれば、ライティングに無限の広がりが出るといっても過言ではありません。

一般スポットライトとオプション

スポットライトの配光や光の色みを制御できると、ライティングの可能性が広がります。

ミュージアム用のスポットライトには、いろいろなオプションが取り付けられるようになっています（図 57-1）。目的とする機能別に、保護、配光、演出、遮光などの各種オプションがあります。光源がハロゲン電球の場合、保護オプションの UV-IR（紫外線 - 赤外線）カットフィルターは必須です。また、調光時の色温度を補正する色温度可変フィルターや、配光を調整するスプレッドレンズ、ディフュージョンレンズもよく使用します

図 57-1　代表的なスポットライトの構造と各種オプション

| 通常配光 | スプレッドレンズ | ディフュージョンレンズ |

図 57-2　配光オプション

（**図 57-2**）。光源が LED の場合は、UV-IR カットフィルターは必要ありません。また LED 器具にはグレアカットがないものが多いので、遮光オプションであるフードやルーバーを使用します。これらオプションは、メーカー標準のものがない場合は、市販材料で代用します（Stage 60）。市販材料のフィルターやレンズ類は熱に弱いものもあり、ハロゲン電球を光源とするスポットライトには使えない場合もあるので注意します。

ウォールウォッシャスポット

ウォールウォッシャスポットは、一般スポットライトにウォールウォッシャフードのオプションを取り付けて光を広げるタイプと、専用の矩形配光の反射板で光をフラットに広げるタイプがあります（**表 57-1**）。どちらも複数の光をつなげて面として照明することが求められますので、光が途切れないピッチで器具を設置します。また、光の広がり具合を調整するために、スポットライトにディフュージョンフィルターを取り付けることもあります。

表 57-1　ウォールウォッシャスポット

オプションタイプ	専用タイプ

Chapter 5 照明機材の取り扱いとライティング

Section ❷ 照明機材とその扱い

Stage 58 カッターライトの取り扱いとチューニング

　カッターライトは、細やかなライティングを行うときにいちばん活躍する器具です。ちょっとした演出などにも重宝します。

カッターライトの基本的な構造

　カッターライトは、光源、反射ミラーの前に 2 〜 3 枚のレンズを取り付けて、光のピントを合わせることができるスポットライトです。また、光源とレンズのあいだに、遮光の 4 枚羽があり、光をその 4 枚の羽でカットすることができます。基本的なカッターライトの形状を図 58-1 に示します。

　羽と同じ場所に、板を入れるスロット穴がある場合は、種板（GOBO）を入れて、任意の図像や文字を壁や床に映し出すことができます。

カッターライトの取り扱い

　カッターライトの取り扱いにはコツがあり、基本的には図 58-2 の手順で光を調整するとよいでしょう。

　また、カッターライトのチューニングポイントは多くありますが、ここではエッジを軽くぼかすこと、GOBO を自分でつくることについて説明します。まず、エッジのぼかし方には、レンズのピントをずらすという方法がありますが、エッジが若干汚くなりますので、基本的にはピントを合わせたうえで、前面にディフュージョンフィルターを取り付ける方法がベストです。その場合のディフュージョンフィルターは LEE FILTER の製品の場合 256 番ぐらいが適当です。続いて

ダウントランス(100V→12V)、調光器
カッター羽（羽4枚で光を四角形にする）
GOBOスロット穴
前レンズ（回して焦点を合わせる）
アクセサリーホルダー（カラーフィルター、ディフュージョンフィルター、熱線カットフィルターなどを装着する）

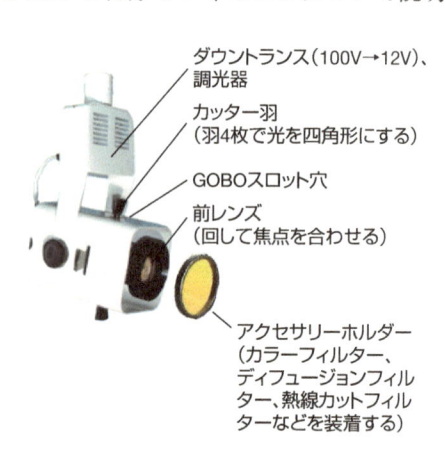

図 58-1　カッターライト

GOBOの自作ですが、0.1mm程度の薄いアルミ板を使ってつくります。基本は図像が反転して映し出されることに注意します（**図58-3**）。クラフト用マイクロナイフを使うと細かい作業ができます。

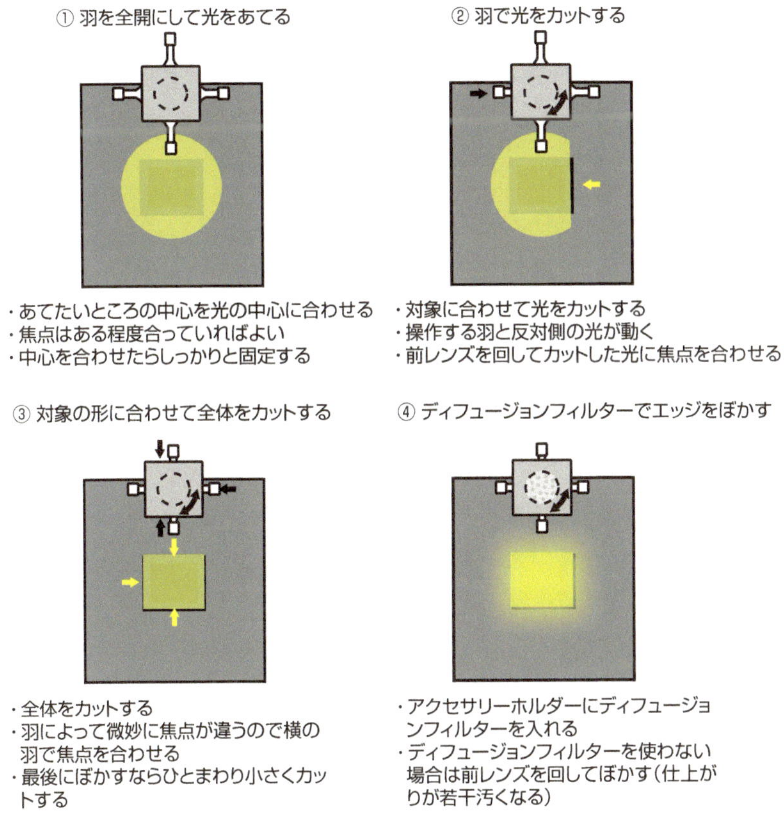

① 羽を全開にして光をあてる
- あてたいところの中心を光の中心に合わせる
- 焦点はある程度合っていればよい
- 中心を合わせたらしっかりと固定する

② 羽で光をカットする
- 対象に合わせて光をカットする
- 操作する羽と反対側の光が動く
- 前レンズを回してカットした光に焦点を合わせる

③ 対象の形に合わせて全体をカットする
- 全体をカットする
- 羽によって微妙に焦点が違うので横の羽で焦点を合わせる
- 最後にぼかすならひとまわり小さくカットする

④ ディフュージョンフィルターでエッジをぼかす
- アクセサリーホルダーにディフュージョンフィルターを入れる
- ディフュージョンフィルターを使わない場合は前レンズを回してぼかす（仕上がりが若干汚くなる）

図58-2　カッターライトの操作手順

図58-3　自作したGOBOによる照明の例

Stage 59 ウォールウォッシャの取り扱いとチューニング

ウォールウォッシャという照明手法は海外でも普通に使われている手法ですが、日本ほどよく使われている国も珍しいかもしれません。公立の近代美術館では必ずといっていいほど天井の壁に沿って蛍光灯のウォールウォッシャが設置されています。また、壁面ケースなどのケース内にもウォールウォッシャを設置するのも日本独特といっていいでしょう。これは、屏風や掛軸などケースに展示をしなければならない日本美術によって進化した手法といえます。このような日本独特の照明手法も使いこなすことで、いろいろな光の表情をつくりだすことができます。

オープン展示のウォールウォッシャ

オープン展示のウォールウォッシャは、下部にルーバーのある2、3列の蛍光灯器具が連続して設置されています。ルーバーの向きが壁に平行なタイプと、壁に垂直なタイプがあり、平行タイプは古い施設に、垂直タイプは比較的新しい施設に多く見られます。それぞれ配光に特徴があり、平行タイプは壁の上部がやや暗く、垂直タイプは上部まで明るい傾向にあります（図59-1）。平行ルーバーを使った器具で、上部まで明るくしたいときは、拡散シートをルーバーの上に置くことで、いくらか上部まで明るくすることができます。

壁面ケース内のウォールウォッシャ

壁面ケースにはいろいろなものが展示されます（Stage 29、30）。ウォールウォッシャも展示物に合わせて壁面の光の重心を変えると効果的です。光の範囲の調整にはバッファが有効です。バッファは蛍光灯の前に設置する牙形状の黒い板で、これにより光の重心を調整します（図59-2）。また、そのような機能をもとから有した器具を設置することにより、より簡易に精度の高い配光を制御することが可能になります（図59-3）。

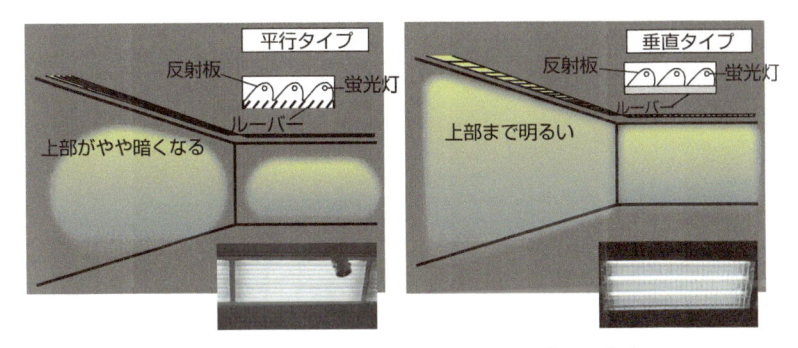

図 59-1　ウォールウォッシャのルーバーの向き

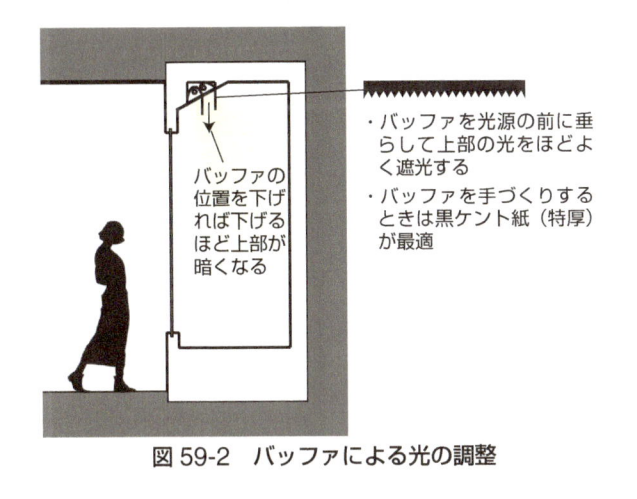

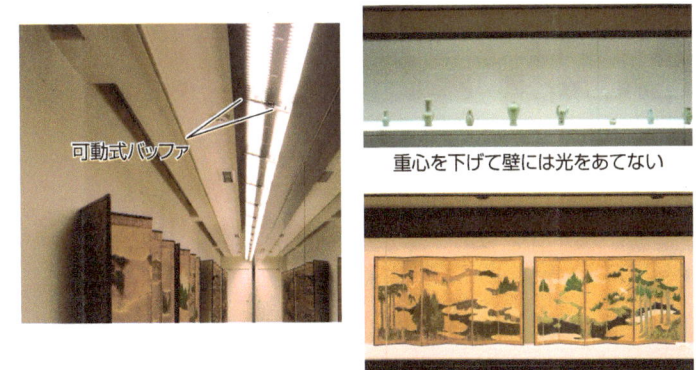

図 59-2　バッファによる光の調整

・バッファを光源の前に垂らして上部の光をほどよく遮光する
・バッファを手づくりするときは黒ケント紙（特厚）が最適

バッファの位置を下げれば下げるほど上部が暗くなる

可動式バッファ

重心を下げて壁には光をあてない

屏風に合わせて光の重心を調整する

図 59-3　バッファの機能をもつウォールウォッシャとその使用例

Chapter 5 照明機材の取り扱いとライティング

Section ❷ 照明機材とその扱い

Stage 60 光のチューニング材料一覧

　これまで紹介してきた小ワザのためのチューニング材料を表にまとめておきます（**表60-1**）。光のチューニングに利用できる材料はまだまだたくさんあります。特に舞台照明、光学機器には光のチューニングに有効な素材が多いようです。照明機器展だけでなく、光学機器展や舞台照明の展示会なども毎年のように開催されていますので、時間があるときには覗かれてもおもしろいかと思います。

表60-1　チューニング材料

チューニング内容	材料	対象・使用目的	特徴・注意点	どこで買えるか（代表メーカー、通販以外）
色温度	色温度変換フィルター	色温度を上げ下げする。スポットは器具前面、蛍光灯には巻きつけて使用する。	舞台照明用フィルターが安価で扱いやすい。上げ下げともに3、4段階あり。サイズは各種あり。ロール最大幅1,220mm。	舞台照明会社 LEE FILTER, ROSCO など
カラー	カラーフィルター	いろいろなカラーの光で演出する。スポットは器具前面、蛍光灯には巻きつけて使用する。	舞台照明用フィルターが安価で扱いやすい。色数は数百種あり。サイズは各種あり。ロール最大幅1,220mm。	舞台照明会社 LEE FILTER, ROSCO など
UVカット、紫色LEDピークカット	UVカットフィルター、ピークカットフィルター	有害光線をカットする。	UVカットは舞台用が安価。サイズは各種あり。ロール最大幅1,220mm。紫色LEDピークカットはLED照明フィルターはメーカーにて製作可能。	UVは同上 紫色LEDは照明メーカーに相談
拡散	ディフュージョン、フロスト、乳白（フィルター、板、フィルムなど）	光をぼかすために使用する。フィルターや板は器具前面、フィルムはガラス、アクリル板に貼り付けて使用する。	舞台用が安価で扱いやすい。板はガラス、アクリルなど。アクリルは耐熱性が低い。フィルムはガラス専門職人に貼ってもらったほうがよい。	舞台照明会社など 板はホームセンター フィルムは住友3M、もしくはガラス屋に相談
配光	偏光シート、レンズシートなど	光を広げたり、集光したり、一方向に広げたりする。器具前面に取り付ける。	従来のスプレッドレンズやディフュージョンレンズと同じ。耐熱性はないが樹脂であり、任意の大きさに加工しやすい。	各メーカー オプティカルソリューションズ（偏光シート） 日本特殊光学樹脂（レンズシート）

チューニング内容	材料	対象・使用目的	特徴・注意点	どこで買えるか（代表メーカー、通販以外）
図像投写	種板（GOBO）	文字やパターンを映し出す。カッターライトに入れて使う。	ガラス、ステンレス製。標準パターンあり。特注も可能。自作は0.1 mmのアルミ板を使う。	舞台照明会社 照明メーカー アルミ板はホームセンター
反射光	鏡（ガラス、アクリル、塩ビ）、高反射樹脂シート、塩ビシート、アルミ反射板、反射系フィルム	展示物の下に敷いて柔らかく光を反射させる。一部に向かって光を反射させる。鏡で逆面を見せる。	鏡には通常と表鏡がある。アクリル鏡は2 mm厚からあり。薄いのは塩ビシート。高反射樹脂は拡散反射する。アクリル、塩ビはたわみ注意。ピンが打てるのは塩ビ、樹脂シート。反射系フィルムは下地が平滑であること。	ホームセンター ガラス屋 各素材メーカー
映り込み	低反射シート	額やケースのアクリル、ガラスに貼って反射や映り込みを減らす。	表と裏に貼る。幅1,000〜1,500 mmであり、継ぎ目の位置をどこにするか要検討。施工は専門業者でないと気泡が入る。	ガラス屋 シートメーカーは日油ほか
グレア軽減	ルーバー、視野制限シート	器具の前面やケースの発光面に取り付け、まぶしさを軽減する。	スポットライトにはアルミハニカムルーバーを使う。色を黒く塗る。ケースなどにはパラウェッジルーバーがいちばん目立たない。ちょっとしたまぶしさ防止なら、モニターなどの覗き込み防止シートが有効。ただし、耐熱性はない。ハニカムルーバーをハロゲン電球に使うなら耐熱仕様が必要。	基本はメーカー 視野制限シートは家電量販店 ABC商会（アルミルーバー）
遮光	バンドア、フード、バッファ	バンドアは発光部を隠し、まぶしさを消す。フードは筒をスポットに付けるバッファは蛍光灯の前に付ける。ギザギザの板。	器具専用がない場合は自作。素材はアルミ板、ブラックラップ、黒ケント紙（特厚）など。アルミ板は0.1 mmが加工しやすい。黒つや消し塗装。	器具専用は照明メーカー 自作はホームセンター ブラックラップは舞台照明会社 幅30 cm、60 cm×50 mロール
減光	フィルター、ネット	光の量を抑える。器具は発光部につける。蛍光灯には巻きつける。	舞台用が安価で扱いやすい。数段階の減光率がある。フィルターは若干青みがかる。純粋に減光したいならステンレスネットが有効。	フィルターは舞台照明会社 ネットはホームセンター
保持	テープなど保持材料	各種材料を保持する簡易な遮光措置	舞台用のパーマセルの黒が使いやすく粘着物も残らない。耐熱性は若干あるが、はがれやすくなるので、部分どめは不向き。耐熱テープが適するが、粘着物が残る。	舞台照明会社 ホームセンター

Chapter 5 照明機材の取り扱いとライティング

Section ❸ ライティング基礎

Stage 61 ライティングの手順

　ライティングは、展示作業との兼ね合いです。展示作業中盤以降に展示作業と同時進行で行うか、ひととおり展示作業が終わった後で一気に行うことが多いと思います。ここでは、そのような短時間のなかで効率的に行う手順の一例をあげます（**図 61-1**）。

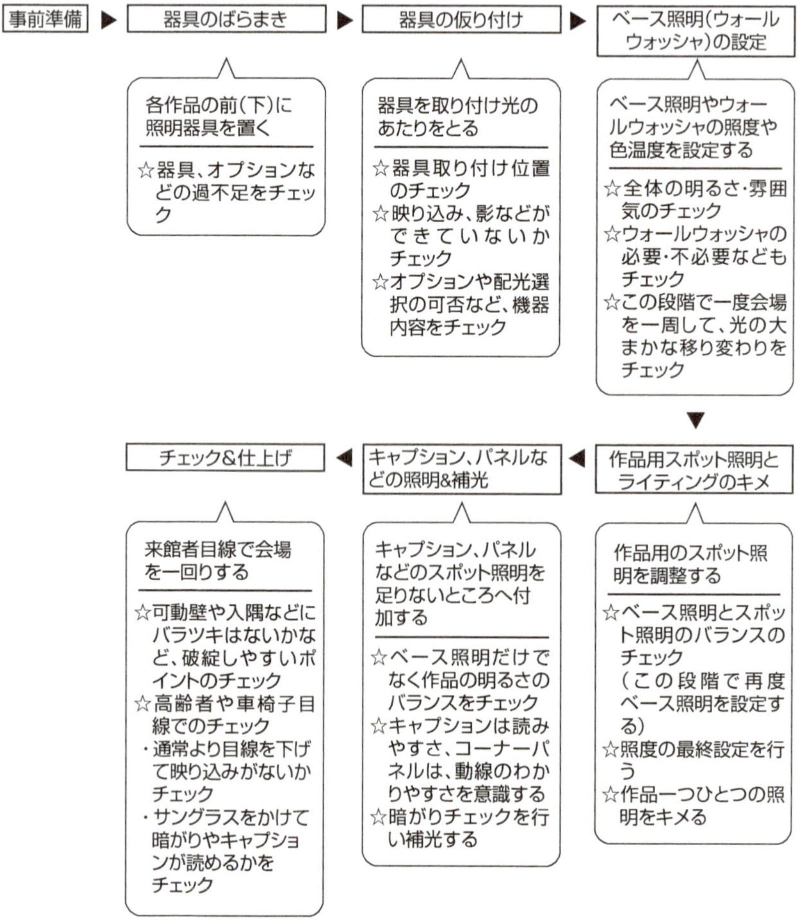

```
事前準備 ▶ 器具のばらまき ▶ 器具の仮り付け ▶ ベース照明（ウォール
                                            ウォッシャ）の設定
```

器具のばらまき
各作品の前（下）に照明器具を置く
☆器具、オプションなどの過不足をチェック

器具の仮り付け
器具を取り付け光のあたりをとる
☆器具取り付け位置のチェック
☆映り込み、影などができていないかチェック
☆オプションや配光選択の可否など、機器内容をチェック

ベース照明（ウォールウォッシャ）の設定
ベース照明やウォールウォッシャの照度や色温度を設定する
☆全体の明るさ・雰囲気のチェック
☆ウォールウォッシャの必要・不要などもチェック
☆この段階で一度会場を一周して、光の大まかな移り変わりをチェック

```
チェック&仕上げ ◀ キャプション、パネルな ◀ 作品用スポット照明と
                 どの照明&補光          ライティングのキメ
```

チェック&仕上げ
来館者目線で会場を一回りする
☆可動壁や入隅などにバラツキはないかなど、破綻しやすいポイントのチェック
☆高齢者や車椅子目線でのチェック
・通常より目線を下げて映り込みがないかチェック
・サングラスをかけて暗がりやキャプションが読めるかをチェック

キャプション、パネルなどの照明&補光
キャプション、パネルなどのスポット照明を足りないところへ付加する
☆ベース照明だけでなく作品の明るさのバランスをチェック
☆キャプションは読みやすさ、コーナーパネルは、動線のわかりやすさを意識する
☆暗がりチェックを行い補光する

作品用スポット照明とライティングのキメ
作品用のスポット照明を調整する
☆ベース照明とスポット照明のバランスのチェック（この段階で再度ベース照明を設定する）
☆照度の最終設定を行う
☆作品一つひとつの照明をキメる

図 61-1　ライティング手順の例

事前準備〜器具の仮り付け

　時間がないなかで効率よくライティングを行うためには事前準備が必須です。事前準備には照明計画、機器管理（Stage 49）があります。そのためには、一つ前の展示で使ったスポットライトはすべてのオプションを外して個別に管理しておきます。一見、面倒に感じる行為ですが、実際のライティング時の手間を考えると、このような事前準備がたいへん重要です。

　ではライティングです。まずは作品の前にスポットライトやオプションをばらまいていきます。これで器具の不足も再度チェックできます。次に器具にオプションを取り付けてライティングレールに仮り付けしていきます。仮り付けでは、額の影が画面にかかっていないか、ガラスに器具が映り込んでいないかなどをチェックしつつ、器具の位置を決めます。仮り付けしたら、光を消灯するか絞り込んで作品への影響を最低限に抑えましょう。

エリアや壁面ごとに光を組み立てる

　次は本番のライティングです。まずはウォールウォッシャや光天井などベースとなる照明の調整を行います。この調整のときには、空間の明るさ感、スポット照明とベース照明とのバランスを考えます。例えば明るい空間に油彩画を展示するというコンセプトならば、ベース照明で画面照度を 100 lx 程度とり、それにスポット照明を 50 lx 程度付加します。続いて作品ごとのライティングをゾーンや壁ごとに行います。そのときには、展示物周囲に広がる光にも注意を払います。そして、作品の照明を一つひとつキメ込みます。

作品以外の照明をチェック＆調整

　作品のライティングがひととおり終了すると、続いて、パネルやキャプション、暗がりなどに機能照明を付加していきます。このときには作品とパネルの明るさのバランスに気をつけます。それらが終了すると、来館者目線でのチェックです（Stage 64）。

Section 3 ライティング基礎

Stage 62 ライティングのくみたて

　ライティングのくみたては、一つひとつの作品を仕上げていくというよりも、まずはゾーンや壁面単位で組み立てていきます。個々の作品の照明を完全にキメ込む前に、まず全体を大まかに組み立てることにより、会場の統一感をつくりだすとともに展覧会全体の流れを確認します。

ゾーンの光のくみたて

　ゾーンごとにベース照明、ウォールウォッシャ照明を調整します。ベース照明もコンセプトに沿って照明しますが、会場の仕上がりを確認しつつ、ほどよい状態に調整します。また、スポットライトを数台点灯し、ベース照明との強さや光色のバランスを確認します。

壁面の光のくみたて

　ゾーンごとに光のバランスが決まると、次は壁面単位でライティングを仕上げていきます。そのときに大切なのは、壁面を一つの作品としてまとめることです。まとめ方としては、スポットライトのパターンを揃える方法と、ベース照明を若干強めに揃えて個々に補光する方法があります（**図62-1**）。

連作の光のくみたて

　小型の連作作品を並べた場合、一つひとつに光をあてる場合と、光の帯をつくって一体化させる場合があります。光の帯はスポットライトにスプレッドレンズを取り付けてつくりだします。このときに問題となるのが、どのようなピッチで照明を設置するかです。まずは中心の1台のみを点灯し、中心照度、中心の1/2照度位置の外径を確認します。続いて中心照度を設定照度の1/2に調光し、器具を先ほどの光照度の外径のピッチで設置し、光の帯をつくりだします（**図62-2**）。

　光を組み立てるときには、照度や光色も併せて調整します。例えば、油

彩画と水彩画が混在している場合は、油彩画の照度を抑え目にして水彩画とのギャップを少なくするだけでなく、光源がハロゲン電球の場合は調光レベルによる色ムラを調整するために、色温度変換フィルターを使います。

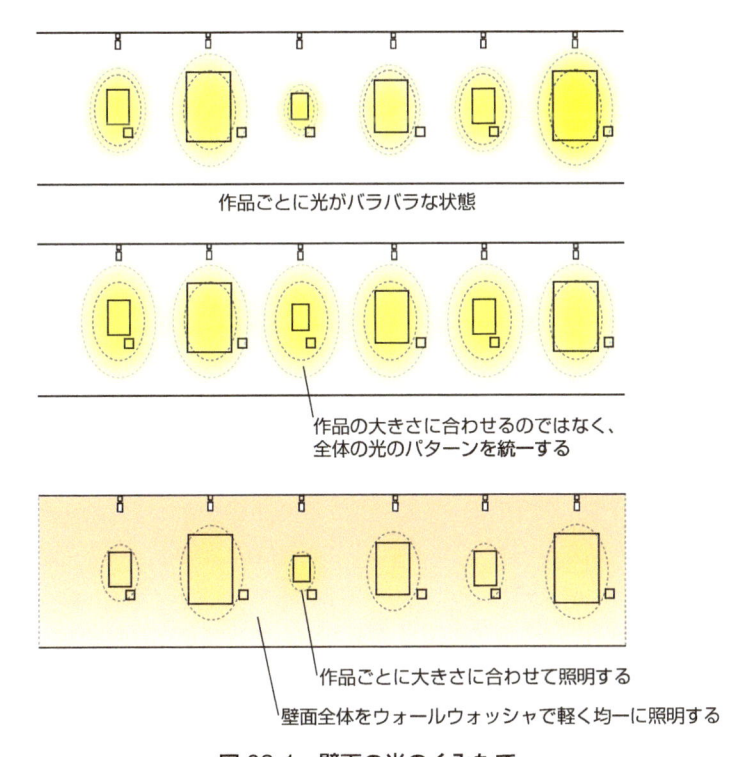

作品ごとに光がバラバラな状態

作品の大きさに合わせるのではなく、全体の光のパターンを統一する

作品ごとに大きさに合わせて照明する
壁面全体をウォールウォッシャで軽く均一に照明する

図62-1　壁面の光のくみたて

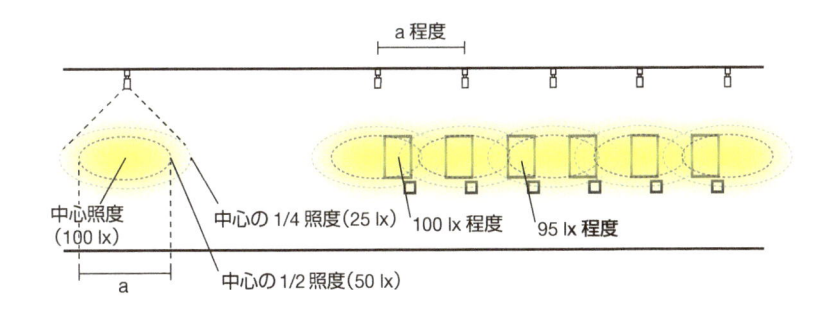

a程度

中心照度
(100 lx)　　中心の1/4照度(25 lx)　100 lx程度　　95 lx程度
　　a
　　　　　中心の1/2照度(50 lx)

図62-2　スポットライトで連作を照明する際のポイント

Section 3 ライティング基礎

Stage 63 光をあやつりキメる

　ライティングの「キメ」は、画竜点睛のごとく、やはりスポット照明です。ここでは、光をキメるために必要なスポットライトのあやつり方について解説します。

大型作品の光のキメ方

　大型作品にあてる光をキメる場合の最大の難関は、光の映り込みです。映り込みがない場合をまず説明します。大型作品では、はじめに作品全体を意識しつつも画面上部の光を整えます。スプレッドレンズで縦に伸ばした光を連続させて均一に照明し、続いて画面下部の光を整えます。下部にはスプレッドレンズで横に伸ばした光を重ねて照明したり、カッターライトで画面内に合わせてトリミングした光で下部のみを補光して、上部との照度バランスを整えます（図 63-1）。光が映り込む場合は、これらをすべて映り込み範囲外から行わなければなりません。ここでもスプレッドレンズは必須ですが、斜めからスプレッドレンズを使う場合はレンズの向きを調整して光が斜めにならないように気をつけて照明します（図 63-2）。

画面内で光のバランスをキメる

　作品にとっての最後のキメは、画面内の光のバランスのとり方です。通常、スポットライトなどは天井から照明するので、当然上部が明るくなりがちです。何も考えずにライティングを行った場合、だいたいそのような印象になります。例えばこれが掛軸ならどうでしょうか？　掛軸を中心とする日本美術は、日本家屋の空間特性上、画面の下のほうに絵の重心がある場合が多く、何も考えないで照明すると、肝心の絵は暗くて見づらいということになります。このような場合、画面における光の重心を下げて光をキメてあげなければなりません。ほとんどの作品は完全にフラットな内容ではなく、画面内に核となる部分をもっています。それらをうまく拾い上げるライティングを考えるのと考えないのとでは印象が大きく変わってきます。

ぜひとも絵画の魅力を引き出す光をキメてほしいと思います（**図 63-3**）。

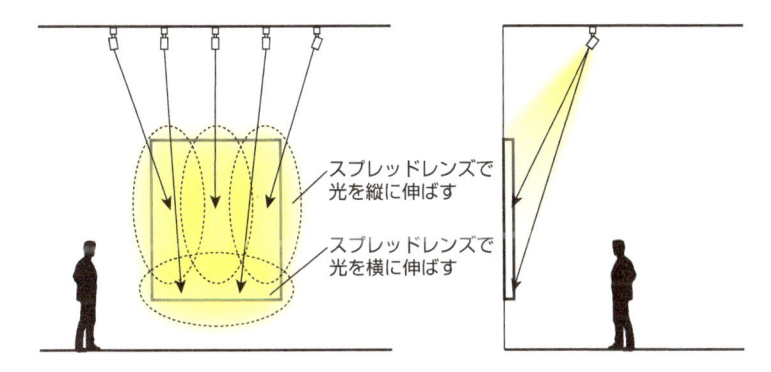

図 63-1　映り込みのない大型作品の光のキメ方

スプレッドレンズで光を縦に伸ばす
スプレッドレンズで光を横に伸ばす

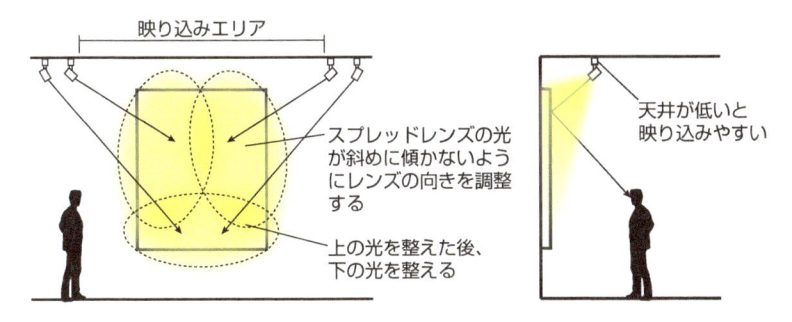

図 63-2　映り込みやすい大型作品の光のキメ方

映り込みエリア
スプレッドレンズの光が斜めに傾かないようにレンズの向きを調整する
上の光を整えた後、下の光を整える
天井が低いと映り込みやすい

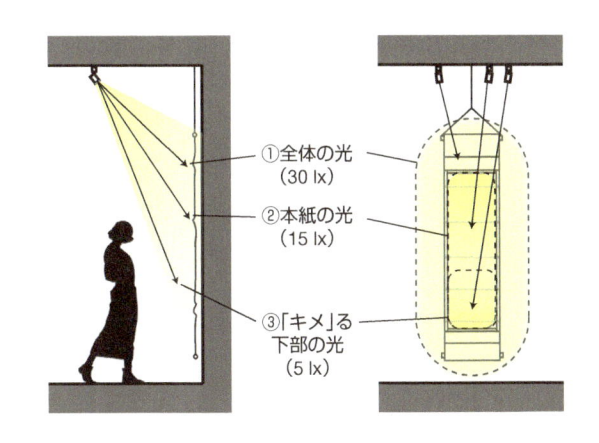

図 63-3　画面内の光のバランスのキメ方

① 全体の光（30 lx）
② 本紙の光（15 lx）
③「キメ」る下部の光（5 lx）

光をあやつりキメる | **Stage 63**

Chapter 5 照明機材の取り扱いとライティング

Section ③ ライティング基礎

Stage 64 ライティングのチェックと空間調整

　これで作品に対する光をキメ込み終えました。光のキメ込みは、作品と向き合うことが基本となりますので、近視眼的な作業になってしまいます。このような場合、得てして全体として問題の残る場合が多いものです。ライティングの最後には、もう一度全体を俯瞰するような目線でライティングチェックを行います。

破綻ポイントのチェック

　個々の作品に対するライティングに集中するあまり、周囲に対して余分な光を投げかけてしまっている場合があります。よく見られる場所は大型作品の周囲で、ほかには入隅や可動壁があげられます。周囲への光漏れは、スプレッドレンズ、ディフュージョンレンズを使った場合に起こりやすいので注意が必要です。可動壁の端に作品を展示しなければならない場合は、背後への光漏れを考慮し器具の位置と遮光に気を遣うか、カッターライトなどで横に漏れる光を遮断するなどしなければなりません（図64-1）。

最終チェックポイント

　ここまでのチェックは展示者サイドとして行いますが、最後は鑑賞者として会場のチェックを行います。できれば、ライティングに直接関わっていない人と一緒にチェックしたほうが率直な意見を聞くことができます。なぜなら、展示者サイドはどうしても会場の制約を考えてしまうので言い訳しがちになり、優先順位のつけ方が、鑑賞者から乖離してしまうからです。最終チェックは、全体の印象、光色、映り込み、グレア、影が作品に影響していないか、影がキャプションを読みづらくしていないか、作品とキャプション、グラフィックとの光のバランスはどうかなど、全体的なことと細かいことを分け隔てなく鑑賞者のつもりで見ていきます。そして気がついたことは、その場で調整していくという姿勢が重要になります。

可動壁の端の作品は
背後への光漏れに注意する

カッターライトなどで
横に光が漏れないよう
にする

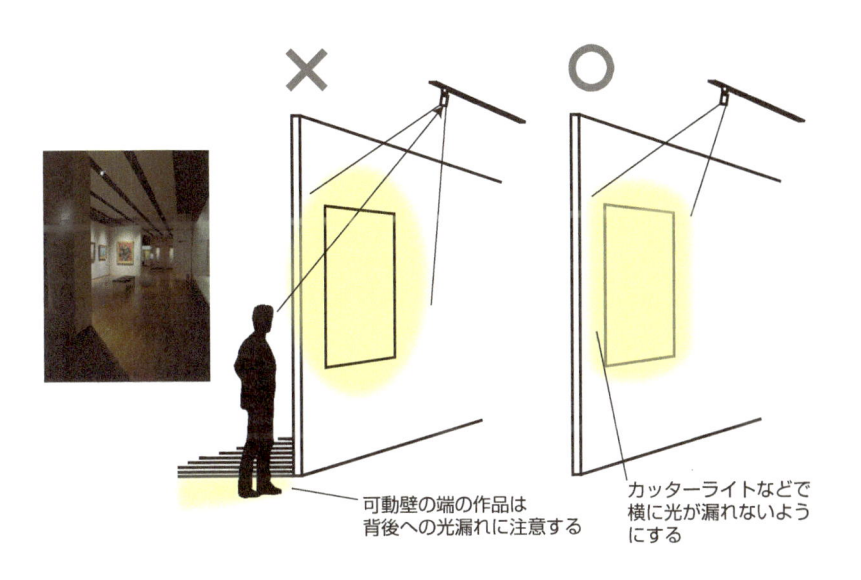

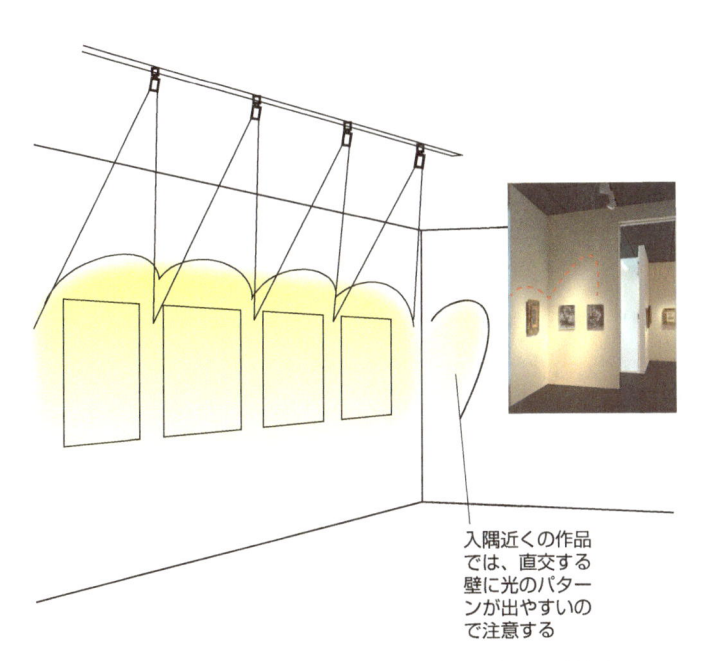

入隅近くの作品
では、直交する
壁に光のパター
ンが出やすいの
で注意する

図 64-1 破綻ポイントのチェック（最終調整前の状態）

ライティングのチェックと空間調整 | Stage 64

column ❺ 退化したのは技術か心か目なのか？間違いだらけの LED 選び

　科学技術は間違いなく日々進歩しています。照明も、火を光源とした時代から電気に変わって 140 年。それまでの 5 千年以上続いた火のあかりの進化と比べると、まばたきも許さぬほどの速さの発展です。当然、博物館の照明も順調に進化しているはずなのですが、実は現在はちょっと退化しています。

　原因は LED です。

　LED 初期は、有害光線を出さないという情報のみで、色温度・演色性ともに悪いものが導入されていました。まあ最初は情報もないので仕方がないです。しかし、ある程度進んだ現在でも、著しく低い演色性にもかかわらず、色温度を調整できるというだけで 4in1 チップのスポットライトが多くの施設に導入されています。かくして先人たちが頑張ってきた日本のミュージアムにおける高演色照明の伝統が崩れ去りました。

　4in1 チップとは、赤・緑・青の LED に白色 LED を混光させていろいろな色温度やフルカラーの光をつくりだせる LED です。原色がきれいに映えますが、中間色の表現も、ホワイトバランスも、演色性も悪い LED です。オフィス照明以下。なのに数多くの美術館に導入されています。これが現実です。

　アメーバのようなこの分光分布。導入したのは不勉強のためなのか、目が悪いためなのか、リモコンで調光可能なことの誘惑に負けたからなのでしょうか。

　Chapter6 では、そのような間違いのないように、LED の選び方と、日々、みなさんに鍛えてもらいたいことを書きました。よりよい状態で次世代につなぐのは、現代のわたしたちの責務です。

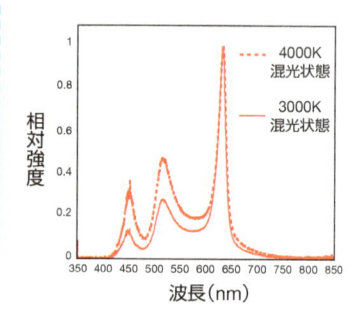

chapter 6

これまでの これからの ミュージアム照明

　ミュージアム照明は、人工光源の発達とともに変化してきました。そこには先人達のたゆまぬ努力と創意工夫を見ることができます。現在、照明の世界はこれまでにないほどの大転機をむかえています。この時代にあり、そして次世代にバトンタッチをする立場として、ミュージアム照明の理想を後退させることなく引き継いでいかなくてはなりません。

Section 1 ◆ ミュージアム照明は何を目指しているのか？
Section 2 ◆ これからのミュージアムへ

Chapter 6 これまでの これからの ミュージアム照明

Section 1 ミュージアム照明は何を目指しているのか？

Stage 65 日本のミュージアム照明はどう進化してきたのか？

　ミュージアム照明が目指している展示物を正しく見せるという理想は、ミュージアムがはじめて建設された当初から変わりません。そして、光によって作品が損傷することがわかり、保存と展示が両立できる光源や照明器具の開発が同時に進められてきました。ここでは、これからのミュージアム照明の目指すべき方向を過去にさかのぼり俯瞰してみたいと思います。

ミュージアムと自然光と理想の光色

　日本で最初のミュージアムといわれる湯島聖堂を会場とした博物館ができたのが1872（明治5）年。その当時の日本の照明は、西洋ランプがいちばん明るい燃焼光源の時代でした。ですので、自然光をどのようにミュージアムに採り入れるかが最初のライティングテクノロジーでした。当時は展示室全体だけでなく、展示ケースにも自然光を採り入れていました（**図65-1**）。その後、エジソンによる白熱電球の実用化とともに、徐々にミュージアムにも電球が取り入れられていきましたが、電球はその光色が自然光の白さとかけ離れているため、自然光との併用は戦後まで続きました。

蛍光灯、そして日本オリジナル照明の進化へ

　蛍光灯が日本で最初に使われたのが1940（昭和15）年。何に使われたかというと、法隆寺金堂壁画の模写でした（**図65-2**）。蛍光灯の白く柔らかい光は障子越しの光のようで、日本美術とたいへん相性が合いました。その後、日本オリジナルの蛍光灯の開発が進み、平均演色評価数Ra95以上であり、かつ紫外線をカットし、そして光色のバリエーションも電球色・白色・昼白色の3色揃った、世界に類を見ない光源へと進化しました。かたや電球も、ハロゲン電球化され、ミュージアム専用のスポットライトが開発されました。同時にハロゲン電球を光源とする光ファイバー照明システムも開発され、展示ケース照明として日本オリジナルの発展を遂げ、日本でしか見られない形状や構造のものが多くあります。

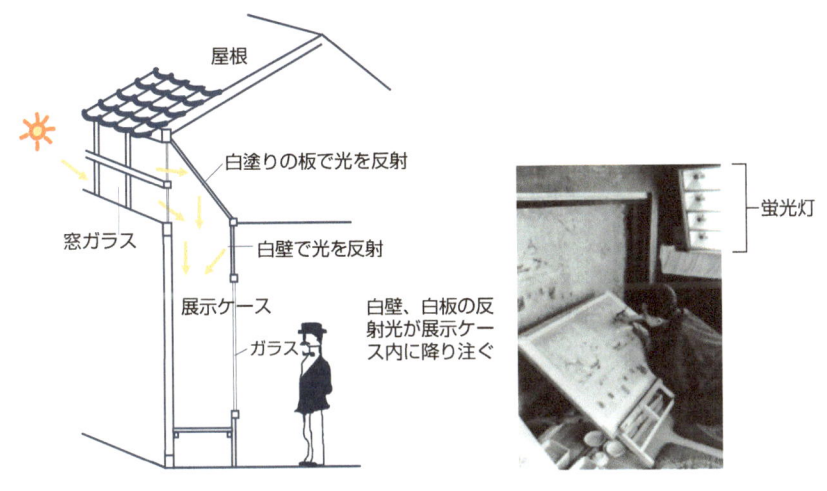

図 65-1　展示ケースにも自然光を採り入れた日本のミュージアム

図 65-2　法隆寺金堂壁画の模写のようす

　このように日本のミュージアム照明は、世界のなかで独自の発展を遂げてきました（**図 65-3**）。それは何よりも日本画、屏風、工芸など、日本独特の美を表現するために必要不可欠だったのです。LED もすでに日本独自の発展をしていますが、これからも日本の芸術をより魅力的に表現するために発展し続けることでしょう。

	明治	大正	昭和	（終戦）	平成	現在
ベース照明	自然光	自然光 ＋ 白熱電球			蛍光灯	美術・博物館用蛍光灯
						現代美術館を中心とした自然光の併用
						LED 化
スポット照明					クールビーム電球	ハロゲン電球スポットライト
						光ファイバー照明
						LED 化

▲ エジソンによる白熱電球の実用化
▲ 法隆寺金堂壁画修復のため、日本初の蛍光灯使用
▲ 高演色蛍光灯の実用化
▲ 褪色防止蛍光灯の実用化
▲ 白色 LED の実用化

図 65-3　日本における照明の進化

Chapter 6 これまでの これからの ミュージアム照明

Section 1 ミュージアム照明は何を目指しているのか？

Stage 66 サステイナブルミュージアムの照明

　現在、そして未来における人類最大の問題が、地球環境の保全と活動エネルギーの確保です。世界的な取り組みとして、京都議定書による地球温暖化の原因となる温室効果ガスの削減（2008〜2012年）や、水俣条約による2020年以降の水銀の規制、日本では2011（平成23）年に起こった東日本大震災に端を発する福島第一原子力発電所事故と原子力発電所の稼働問題による電力消費量削減の取り組みなど、ミュージアムを取り巻く環境は変化しており、そのようななかでの持続的活動が求められています（図66-1）。

省エネルギーと固体素子照明のミュージアム利用

　照明はこれまでにない変換期に入っています。LEDや有機ELといった固体素子照明（solid-state lighting, SSL）の急激な成長です。固体素子照明は電極をもたないためにとても長寿命であるとともに、発光効率が高く省エネルギーを実現することが大きな特徴です（図66-2）。特にLEDは、発光効率で蛍光灯を上回り、従来の照明からLEDへの取り換えが進んでいます。ミュージアムも例外ではなく、電力消費量削減の取り組みとしてLED化が進んでいます。とはいえ、すべてのLEDがミュージアム照明に適しているかどうかは別問題であることを忘れてはいけません（Stage 67）。

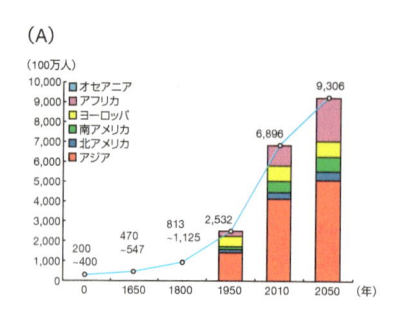

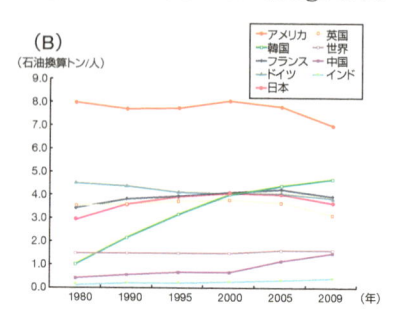

図 66-1　世界人口の地域別推移と見通し（A）と、世界の一人あたり一次エネルギー消費量（B）

図 66-2　発光効率の変化

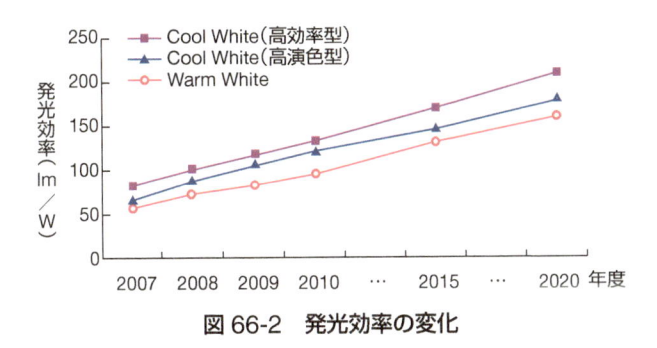

水俣条約と蛍光灯問題

　水俣条約は、水銀および水銀を使用した製品の製造と輸出入を規制する国際条約で、正式名称は「水銀に関する水俣条約」といいます。水銀を使用した製品の代表が蛍光灯や水銀灯です。美術・博物館用蛍光灯は規制範囲外であり、すぐさま制限の対象にはなりませんが、近い将来には製造されなくなる可能性もあります。省エネルギーや水銀規制から考えると、近い将来、照明は LED が中心となることは明らかです。

　LED の寿命は 4 万時間ですので、15 年程度は交換不要です。しかし 15 年後に器具ごと交換するのか、ランプだけ交換して本体を使い続けるのかは難しい選択であるといえます（**図 66-3**）。

　このように、サステイナブルミュージアムの照明において、検討しなければならないことは少なくありませんが、照明の質が劣ってしまっては本末転倒ですので、その根本をどのように判断するかが重要であるといえるでしょう。

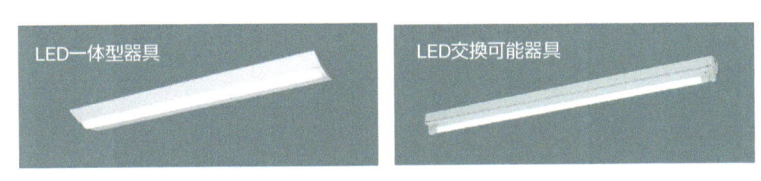

図 66-3　LED 一体型器具と LED 交換可能器具

Chapter 6 これまでの これからの ミュージアム照明

Section 1 ミュージアム照明は何を目指しているのか？

Stage 67 LEDのミュージアム利用の可能性について

　ミュージアム照明の固体照明化は、これからのサステイナブルミュージアムにとって必須となることは明白であり、ミュージアム照明のLED化は刻々と進んでいます。とはいえ、いまだにLEDのミュージアム照明に関する指針が何一つないのが現状です。つまり、蛍光灯には美術・博物館用蛍光灯がありますが、美術・博物館用LEDは存在しません。指針が出されるには、もうしばらく時間がかかるでしょう。ここではLEDの実際と、間違いの少ない選択をするためのポイントについて簡単にまとめます。

白色LEDという素子はない

　通常、私たちが目にするLEDは白色LEDと呼ばれますが、実際には素子としての白色LEDは存在しません。白色に見えるのは、青もしくは紫色LEDと、それに励起する蛍光体の組み合わせやRGBといった光の三

表67-1　LEDの発光方式

（短波長LED＋蛍光体）励起方式	青色LED ＋黄色蛍光体		・現在の主流方式である ・蛍光体の塗布量などにより色バラツキが目立ちやすい ・演色性の改善形も出始めている
	青色LED ＋緑色蛍光体、 赤色蛍光体		・現在の高演色LEDの主流方式である ・Ra95程度まで可能。ただし高色温度時には青が強く出る
	紫色（近紫外）LED ＋RGB蛍光体		・高演色性が最大のメリット ・Ra98程度まで可能 ・発光効率が青色LEDよりも劣る
（三原色・補色）混光方式	R・G・B 3色LEDの混光		・各色LEDのバラツキ抑制が必要（白色にした場合の色バラツキが目立ちやすい） ・LEDの色によって点灯電圧が異なるため、回路構成が複雑になる
	補色となる2色の LEDの混光 （例：水色LED＋ 赤色LED）		

原色を組み合わせた結果です。それぞれの特徴を**表 67-1** にまとめておきます。

ミュージアムに使える白色LEDは？

　絵画を中心とする美術品および工芸品の照明は、特定の原色のみが際立ってしまうと作品の見た目のバランスが崩れますので、演色性の数値だけでなく、波長成分も確認する必要があります。特に青色 LED 励起タイプの高演色高色温度モデルは、演色性は高い数値ですが、分光特性を見ると青の波長成分（450 nm）が突出しており、実際に使用するとバランスを崩す恐れがあります（**図 67-1**）。ですので、美術・工芸品用の LED としては、紫色 LED 励起タイプの超高演色 LED の 400 nm 近傍のピークをカットしたものが理想的といえます（**図 67-2**）。

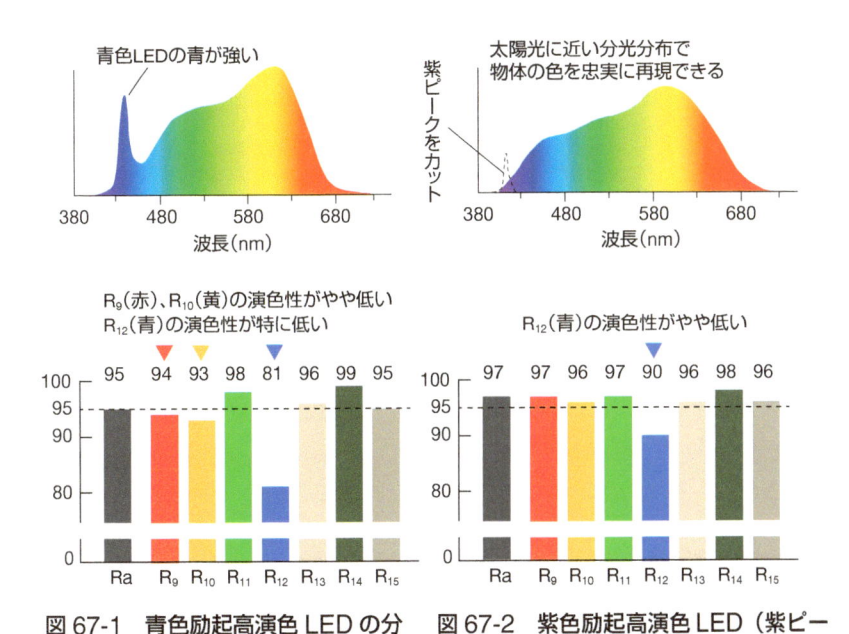

図 67-1　**青色励起高演色 LED の分光分布と演色性**

図 67-2　**紫色励起高演色 LED（紫ピークカット）の分光分布と演色性**

Chapter 6 これまでの これからの ミュージアム照明

Section 1 ミュージアム照明は何を目指しているのか?

Stage 68　ミュージアムのLED選択基準

　LEDを選択する場合、実際にはいくつかの候補のなかから選択することになります。ハロゲン電球や蛍光灯とは違い、LEDはメーカー間での性能差が大きく、また色温度や演色性といった数値と実際の見た目にギャップがある場合があります。妙に原色がはっきりと見えますので、見た目でだまされることも多々あります。科学の目と人間の目の両方で選択する姿勢が大切です。

LEDを選択する際の手順とポイント

　LEDの選択を行う場合の手順やポイントについて**表68-1**にまとめますが、何よりも大切なのは、皆さんの目です。とかくだまされ惑わされやすいLED照明ですので、日頃から目を鍛えて変なものを選ばないようにしないといけません。

表68-1　LEDを選択する際のポイント

1. 事前にLED素子および機器のスペックシートをチェックする。
演色性について ☐ Ra95以上で、かつ R_9 が90以上、R_{12} が90（85）以上であること ☐ 分光分布図、演色評価数（平均・特殊）の提出を求めること
色温度について ☐ 適度な色温度選択が可能であること
損傷について ☐ 紫色LEDの場合は、400 nm近傍のピークをカットできること ☐ 青色LEDの場合は、450 nmピークがあまり主張しないこと
光量について ☐ 必要な照度が確保できること ☐ 空間に合わせた照度分布図の提出を求めること（保守率は1.0。スポットライトは直射条件とする）
調光について ☐ 0～100％調光が望ましいが、5～100％の場合は、個別にON／OFFが可能であること
配光について ☐ 必要な配光を有すること（配光角度のチェック） ☐ 周辺への光漏れが少ないこと

- ☐ 配光曲線の提出を求めること
- ☐ 配光オプションレンズ（フィルター）の取り付けが可能であること

グレアについて
- ☐ グレアカッティングリング、ルーバー、フードなどの、グレアをカットできるオプションが取り付け可能であること

安全性について
- ☐ 器具重量に対してプラグが適切であること
- ☐ 落下防止策がとられていること

2. 実際の機器を用いて比較検討を行う。

比較実験時の注意点
- ☐ 色温度可変の器具は、可変時を見ないこと
- ☐ 各社の製品を比べるときは、同じ色温度で比べること
- ☐ 基準光源を間に挟んで比べること（ハロゲン電球や美術・博物館用蛍光灯など）
- ☐ 分光放射照度計（CL-500Aなど）でも同時に計測すること
- ☐ 実験は、メーカーが主導するのではなく、中立な立場のコーディネーターが取り行うこと

比較実験時の被照射物について
- ☐ 絵画などの実物を用いて比較すること（ポスターなど印刷物を使わないこと）
- ☐ 色票にはマクベスチャートなどの原色を中心に用いるのではなく、中間色のグラデーションを多く用いること
- ☐ 絵画は風景画、人物画、静物画など、バリエーションをもたせること
- ☐ モノクロ写真や墨によるホワイトバランスを確認すること
- ☐ 重ね配色した絵画や重ね染め（藍＋ウコンなど）による波長ピークが色に対して作用する影響を確認すること
- ☐ 100 hue testなどで同条件比較をしてみること
- ☐ 模写（ポスターではない）を複数並べて比較するとわかりやすい

比較実験時の環境条件について
- ☐ 絵の見え方を見る場合、可能ならば周囲壁面は無彩色、低明度とすること
- ☐ 大人数ではなく少人数に分けて比較検討を行うこと
- ☐ リモコンを使ったリズミカルな比較で、かつ機器がわからないようにすること
- ☐ 照射方向、配光など条件は可能な限り合わせること
- ☐ 絵画周辺の光状態が違うならば、手持ちの窓で絵画のみをトリミングして周囲への光漏れを見えないようにすること
- ☐ 順応を考慮して、基準光源をあいだに入れながら実験を行うこと
- ☐ 多くの学芸員・職員により実験すること
- ☐ 実験参加者の目の性能を100 hue testなどで事前にチェックすること

照明機材の機能についての確認事項
- ☐ 配光は、作品だけでなく周囲壁への光漏れも確認すること
- ☐ 配光は、通常斜め打ちと直下状態で確認すること
- ☐ 器具のグレアを確認すること
- ☐ 多粒タイプの器具は、マルチシャドウが出ていないか作品の位置で確認すること
- ☐ 色温度可変タイプの器具は、影のところで色分解が起こっていないか確認すること
- ☐ 調光機能は使いやすいか、50 lxや150 lxといったよく使う照度の調整幅が緩やかか確認すること
- ☐ 器具のウェイトバランスはよいか、手で持ちやすいか確認すること
- ☐ 実際に手にとって操作性を確認すること
- ☐ 収納のしやすさを確認すること（本体・アクセサリーともに）

最終検討事項
- ☐ 実験結果は数値化すること
- ☐ 館の収蔵品、運営体制を含めて検討すること
- ☐ 機器は1機種を大量にではなく、必要性能ごとに数機種を選定すること

Chapter 6 これまでの これからの ミュージアム照明

Section 1 ミュージアム照明は何を目指しているのか？

Stage 69 ユニバーサルミュージアムのための照明

　ユニバーサルデザインとは、ロナルド・メイス（1941～1998年）が1980年代に提唱した「できるだけ多くの人が利用可能であるように製品、建物、空間をデザインすること」を基本コンセプトとする概念です。ミュージアムにおいても、博物館法の「資料を収集し、保管（育成を含む）し、展示して教育的配慮の下に一般公衆の利用に供し」に定義される一般公衆の利用を考えた場合、その施設デザインには当然、ユニバーサルデザインの考え方を採り入れなければなりません。

鑑賞におけるユニバーサル照明のポイント

　大人や子ども、男性や女性によって異なる身長の高さは、そのまま鑑賞時の視線高さの違いになり、作品の見えやすさや覗きケースの見やすさに影響します。ですので照明においては、映り込みやグレアを検討するときに、一般成人だけでなく車椅子の方や子どもの低めの視線の高さにまで幅をもたせて検討する配慮が必要です（図69-1）。

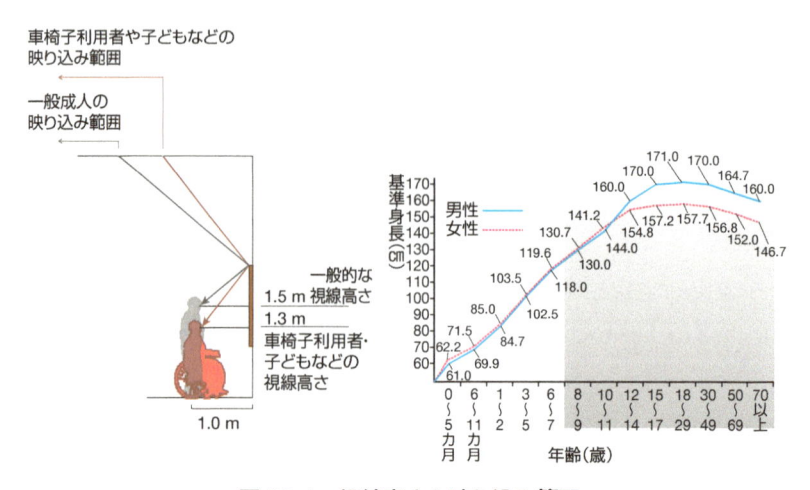

図69-1　視線高さと映り込み範囲

年齢を考慮したユニバーサル照明のポイント

　加齢とともに、視覚には変化が起こります。代表的なものの一つが白内障で、ほとんどの高齢者が何らかのかたちで白内障の症状を引き起こしているといわれています。白内障になるとグレアを感じやすくなり、鑑賞が困難になります。特に視野角外の上部から眼球内に入る光が影響しますので、作品上部の光は抑え目にすることが重要です。

図 69-2　白内障シミュレーションゴーグル

これらは白内障シミュレーションゴーグルを装着して館内を回ると体感することできます（**図 69-2**）。

キャプションなどのユニバーサル照明のポイント

　館内アンケートでよく読みにくいと指摘されるキャプションですが、これには文字の大きさや量だけでなく、文字組、字体、配色なども関係しています。通常、白地に黒文字でキャプションをつくりますが、白が膨張色であるため黒文字に細い字体を用いると読みづらくなります。その場合は、背景の白を明るめのグレーにし、字体を太くすると読みやすくなります。また、照明も色温度が低いよりは若干高めのほうが文字は読みやすいですし、照度も高めのほうが当然読みやすくなります。これらは作品展示の環境を壊さない範囲で、できるだけ配慮する必要があります（**図 69-3**）。

図 69-3　キャプションの読みやすさ

Chapter 6 これまでの これからの ミュージアム照明

Section ❷ これからのミュージアムへ

Stage 70 照明リニューアルを推進しよう

　ミュージアムのなかには、箱もの先行で開館したために展示運営に難のある施設が少なくありません。リニューアルはこのような不具合を解消し、運営者にとっても鑑賞者にとっても、そして展示物にとってもより快適な施設にする千載一遇のチャンスです。予算がついたら待ったなしです。突然降って湧いてくるかもしれないそのときのために、ここでは照明リニューアルの流れやポイントについて**図 70-1** にまとめます。

照明リニューアルの大前提は？

　実際に誰が、どれだけの時間でライティングを行うか？　リニューアルにおいては、実現性と効果のバランスをうまくとる必要があるので、関係者の参画は必須です。また、リニューアルを検討するにあたり、現在実現可能な機能について機器別にまとめます（**表 70-1**）。

現状把握	・現状を図面とともに再確認（変更されているところを書き込む） ・各種測定（紫外線、照度、空間輝度分布など）　・最新の照明事情の調査 ・他施設事例の調査

▼

改善計画	・問題点や改善要望の取りまとめ（項目別一覧もしくは図面へ書き込む） ・リニューアル範囲（照明や電気のみか、内装まで含むか）の確定 ・優先順位やスケジュール案の計画

▼

設計と積算	・ミュージアムに関する豊富な経験を有した設計者の選定（照明コンサルタント、設備設計者、建築設計者） ・基本設計→概算・調整→実施設計→積算 ・照明においては、性能設計を基本とする（演色性、色温度、配光、調光性能、オプション類、グレア、空間輝度分布、照度均斉度などを明記）

▼

施工	・サンプルによる検討実験→機器の選定　・不具合部分のチェックと改善 ・各種測定（リニューアル前との比較）　・報告書の作成　・シューティング

図 70-1　照明リニューアル時のチェックフロー

表70-1　照明機器の現状と性能

機器	機器の変化	新しく実現可能となった機能
スポットライト	ハロゲンスポット ↓ LEDスポット	・省エネルギー（6倍）　・長寿命（4万時間程度） ・色温度の選択（2,700～5,000 K 程度） ・色温度可変（ただし、現状では演色性は劣るので、あくまで補助として） ・オプション材料の自由度が高いので（熱が少ないため）、自由なライティングができる ・調光による光色の変化はなし ・その他はハロゲンスポットとほぼ同等性能（配光性と演色性は若干劣る）
ウォールウォッシャ	FLR 蛍光灯 ↓ Hf 蛍光灯	・省エネルギー（2倍） ・調光下限時の安定性（5～100％配光） ・配光性能は若干よい ・コンパクト化（7割程度）
	Hf 蛍光灯 FLR 蛍光灯 ↓ 直管 LED	・省エネルギー（1.5倍）　・長寿命（4万時間程度） ・配光性能は若干よい ・その他は Hf と同等性能（演色性については若干劣る）
	Hf 蛍光灯 ↓ ライン LED	・長寿命（4万時間程度） ・色温度可変（3,000～5,000 K） ・配光性は高い（配光可変も可能） ・コンパクト化が可能 ・紫色 LED は演色性が高い
光ファイバー	ハロゲン光源 ↓ LED 光源	・省エネルギー（2倍）　・長寿命（4万時間程度） ・球切れがほぼないので省メンテナンス ・調光による光色の変化はなし ・発熱量が少ない ・その他はハロゲンとほぼ同等性能（演色性は劣る）
	ハロゲン光源 ↓ 1粒 LED	・省エネルギー（6倍）　・長寿命（4万時間程度） ・球切れがほぼないので省メンテナンス ・調光による光色の変化はなし ・発熱量が少ない ・フレキシブル性が高い ・その他はハロゲンとほぼ同等性能
建築化照明、ベース照明	Hf（FLR） ↓ 直管 LED	・省エネルギー（2倍）　・長寿命（4万時間程度） ・発熱量が少ない ・球が割れにくい ・一般の直管 LED でも紫外線・赤外線はない ・その他は Hf とほぼ同等性能
調光	アナログ ↓ デジタル	・調光操作のモバイル化（目の前で調光操作が可能） ・調光レベルの数値管理が可能 ・ネットワークを通して、事務所での点灯状態の確認が可能

Chapter 6 これまでの これからの ミュージアム照明

Section ❷ これからのミュージアムへ

Stage 71 照明力を鍛えるワン・トゥ・スリー

　照明に関する知識を身につけたなら、あとは実践あるのみです。照明は経験工学といわれるぐらい実践が重要なのです。とはいえ、機械的に作業するだけでは照明力は身につきませんし、あるレベル以上に伸びることもありません。最後に、私がライティングや日常において照明力を伸ばすために実践していることを皆さんにご紹介します。

ワン：展覧会に出かけたら、まずは照明当てクイズ

　学芸員の皆さんは、仕事柄いろいろなミュージアムを訪れる機会があると思います。そんなときに行うのが、展示室での照明当てクイズです。やり方は簡単。最初は絶対に天井を見ないようにして、どのような器具を、どの位置から、どのようにあてているかを想像してから、天井を見て答え合わせをします。答えを聞ける人を知っているのでしたら直接仕様を確認するのがいちばんです。最初は簡単に光源当てから始めて、続いて機種や灯数、設置位置など、最後には設定された照度や色温度、そして究極は分光特性まで当てられるようになりましょう。慣れればある程度は類推ができるようになります。また、繰り返すことにより、照明のアラや施設の問題点、改善のポイントがわかるようになり、自分のライティングに生きてくるわけです。

トゥー：同じ作品にいろいろな照明を試す

　ライティングの機会が多くある作品を所蔵している場合には、ぜひともいろいろなライティングを試してみてください。同じ作品を異なる手法で照らすことで、照明手法とその効果に関する引き出しを増やすことができますし、作品のさまざまな魅力を引き出すことにもつながります。こうして得た照明の引き出しは、同じ傾向の作品を照明するときに大いに利用してみましょう。可能ならば、その引き出しは、表現手法や素材、時代別にできるだけ幅広くもつように心がけましょう。

スリー：目のコンディションを整える

見る力も何もかも、最終的には自分の目次第です。そのためには、目を守ること、目のコンディションを整えることが重要です。例えば、日常的なことでは日差しの強い季節のサングラスの装着や、疲れ目対策などがあげられます。ほかには、明るさの感覚のリセットやコンディションの確認として暗闇でものを見ること、そして「100 hue test」(**図 71-1**) を用いた色彩を見分けるトレーニングやコンディションチェックなどを定期的に行ったりするのもいいでしょう。

100 hue testを使用したトレーニング

「100 hue test」とは、明度・彩度を揃えた100色相の色コマを色相順に並べていくトレーニングで、微妙な色の違い（CIE色差1単位レベル）を判断する能力を調べることができます。検査やトレーニングとして活用するだけでなく、もう一歩進んで、いろいろな光源下や照度下で行うことで、光源による色の見え方の傾向を知ることができます。この能力は、LEDのようにクセのある光源を判断するときにたいへん有効です。

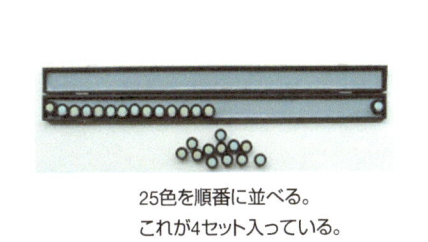

25色を順番に並べる。
これが4セット入っている。

図 71-1　100 hue test

出典一覧（敬称略）

Chapter 1

3 ページ（写真上）パナソニック 汐留ミュージアム

3 ページ（写真下）　©Zoe-stock.foto

図 3-1　コニカミノルタ株式会社「色を読む話」

図 3-2　写真提供：東京大学大学院総合文化研究科 本吉 勇、NTT 先端技術総合研究所

図 5-1（A）　Garry Thomson: The Museum Environment Part I, 2nd ed., Butterworth-Heinemann, 293（1986）

表 6-2　CIE 157（2004）Control of Damage to Museum Objects Optical Radiation をもとに改変

図 7-1（写真上）　©paylessimages-stock.foto

図 7-1（写真中）　©Sergey Tokarev-stock.foto

図 10-1（C）　撮影協力：株式会社ダイドーインターナショナル パピー事業部

図 11-1　ギュスターヴ・モロー美術館、14 Rue de la Rochefoucald, 75009 Paris

表 12-1　日本工業標準調査会、JIS Z9110（2010）

表 12-2　建築学大系編集委員会編：建築学大系第 22 室内環境計画（1969）彰国社より一部抜粋

図 12-2　有限会社ハイランド

図 12-3　山種美術館

図 13-3　パナソニック 汐留ミュージアム

図 14-1（写真左）　©babes - Fotolia.com

図 14-3　パナソニック 汐留ミュージアム

Chapter 2

表 17-1（写真上段左）　パナソニック 汐留ミュージアム

表 17-1（写真上段右）　静岡県立美術館ロダン館

表 17-1（写真下段左）　出光美術館

表 17-1（写真下段中）　岩手県立美術館

表 17-1（写真下段右）　山種美術館

表 18-1（光天井）　神奈川県立近代美術館 葉山館、Photography by : Kijuro Yahagi

表 18-1（間接照明）　岩手県立美術館

表 18-1（ベースライト）　新潟市美術館

表 18-1（ダウンライト）　パナソニック 汐留ミュージアム

表 18-1（ラインウォッシャ）　石正美術館

表 18-1（単体ウォールウォッシャ）　東京オペラシティ アートギャラリー

表 18-1（スポットライト、ユニバーサルダウンライト）パナソニック 汐留ミュージアム

表 18-1（ルーバー照明）　出光美術館

表 18-1（拡散パネル照明） 奈良国立博物館
表 18-1（ウォールウォッシャ（壁面ケース用）） パナソニック 汐留ミュージアム
表 18-1（光ファイバースポット） 岩手県立美術館
表 19-1（光天井） 神奈川県立近代美術館 葉山館、Photography by : Kijuro Yahagi
表 19-1（間接照明） 岩手県立美術館
表 19-1（ベースライト） 新潟市美術館
図 20-3　パナソニック 汐留ミュージアム
図 20-4　パナソニック 汐留ミュージアム
図 21-1　パナソニック 汐留ミュージアム
図 21-2　パナソニック 汐留ミュージアム
図 21-3　パナソニック 汐留ミュージアム
図 22-2　パナソニック 汐留ミュージアム
図 23-1　ギュスターヴ・モロー美術館
図 24-2　當麻寺
図 26-3（写真左）　安倍文殊院
図 26-3（写真右）　西都原考古博物館
表 27-1（写真上段左）　山種美術館
表 27-1（写真上段中）　出光美術館
表 27-1（写真上段右）　山種美術館
表 27-1（写真下段左）　山種美術館
図 28-1（写真左）　山種美術館
図 28-1（写真右）　ルーヴル美術館
図 28-2　ルーヴル美術館
図 28-3　ルーヴル美術館
図 33-3　出光美術館
図 33-4　山種美術館

Chapter 3

図 35-2　ⓒSora - Fotolia.com
図 35-4　正倉院宝物、写真提供 奈良国立博物館
図 36-1　山種美術館
図 36-2　「目の眼」2月号、pp.41-43（2014）目の眼
図 37-1　出光美術館
図 37-2　山種美術館
図 37-4　山種美術館
図 38-1（写真上）　當麻寺
図 38-1（写真下）　鎌倉国宝館
図 38-2　當麻寺
図 39-1（左）　「目の眼」2月号、pp.41-43（2014）目の眼

図 39-1（右）　出光美術館
図 39-3　出光美術館
図 40-1　山種美術館
図 41-1　2012 年大エルミタージュ美術館展、名古屋市美術館
図 41-2　諸橋近代美術館
図 41-3　アムステルダム国立美術館
図 42-1　撮影協力：小林硝子工芸所 小林淑郎
図 42-3　正倉院宝物、写真提供 奈良国立博物館
図 42-4　正倉院宝物、写真提供 奈良国立博物館
図 43-1　©Jeongmoon Choi "Birdcage"（2006）threads, black-light
図 43-2　オプトコード株式会社
図 43-3　高橋匡太《いろとりどりのかけら》© Mitsutaka Kitamura 十和田市現代美術館
図 43-4（写真左）　ウシオライティング株式会社
図 44-2　©Katsumasa Tanaka/GA photographers、パナソニック 汐留ミュージアム
図 45-2　大阪市立自然史博物館
図 45-3 ※現在、当該演出は行われていません。　阪神・淡路大震災記念 人と防災未来センター
図 46-2　パナソニック 汐留ミュージアム
図 46-3　東京都江戸東京博物館

Chapter 4

表 48-1（1 段目写真左から）　©andreiuc88 - Fotolia.com、©miiko - Fotolia.com、©denebola_h - Fotolia.com、©kentauros - Fotolia.com
表 48-1（2 段目写真左から）　©bigfoot - Fotolia.com、©Yoshitooo - Fotolia.com、©sakura - Fotolia.com、©hallucion_7 - Fotolia.com
表 48-1（3 段目写真左から）　©Paylessimages - Fotolia.com、©Sora - Fotolia.com、©Goran Bogicevic - Fotolia.com、©Mopic - Fotolia.com
表 48-1（4 段目写真左から）　©Sora - Fotolia.com、©Suzuki Akiko - Fotolia.com、©JPAaron - Fotolia.com、©jamenpercy - Fotolia.com
表 48-1（5 段目写真左から）　©sakkmesterke - Fotolia.com、© Smileus - Fotolia.com、© Sergey Nivens - Fotolia.com、© agsandrew - Fotolia.com
図 48-2（写真上段左）　ギュスターヴ・モロー美術館
図 48-2（写真上段中）　©Suzuki Akiko - Fotolia.com
図 48-2（写真上段右）　©JPAaron - Fotolia.com
図 48-2（写真下段左）　©miiko - Fotolia.com
図 48-2（写真下段中）　©denebola_h - Fotolia.com
図 48-2（写真下段右）　ギュスターヴ・モロー美術館
図 50-1（写真左上）　©jyugem - Fotolia.com

図 50-1（写真左下）　©wen mingming - Fotolia.com
図 50-1（写真右下）　©denebola_h - Fotolia.com
表 50-2（写真左段上）　©FineBokeh - Fotolia.com
表 50-2（写真左段下）　©JPAaron - Fotolia.com
表 50-2（写真右段上）　©wen mingming - Fotolia.com
表 50-2（写真右段下）　©Sora - Fotolia.com
図 51-1　パナソニック 汐留ミュージアム

Chapter 5

図 53-1（A）　コニカミノルタ株式会社
図 53-1（B）　山種美術館
図 58-1　日本応用光学株式会社
図 58-3　奈良国立博物館
図 59-3（写真）　出光美術館

Chapter 6

図 65-2　女子美術大学　橋本弘安
図 66-1（A）　United Nations, World Population Prospects, The 2010 Revision
図 66-1（B）　（一財）日本エネルギー経済研究所「エネルギー・経済統計要覧 2012 年版」
図 66-2　LED 照明推進協議会
図 69-1　株式会社ノイエデザイン　熊谷淳一
図 69-3　株式会社ノイエデザイン　熊谷淳一
図 71-1　日本色研事業株式会社

コラム

コラム1（写真上）　山口県立美術館
コラム1（写真中・下）　協力：絵金蔵
コラム2（上図）　日油株式会社
コラム3、カバー（オモテ左上写真）　図版協力：エルメス財団、公益財団法人東京都歴史文化財団 東京都現代美術館、SCAI THE BATHHOUSE、SANDWICH
コラム4　新薬師寺

参考書・参考ウェブサイト

1) 石﨑武志 編著：博物館資料保存論、講談社（2012）
2) 黒沢　浩 編著：博物館展示論、講談社（2014）
3) 照明学会 編：空間デザインのための照明手法、オーム社（2008）
4) 全日本博物館学会 編：博物館学事典、雄山閣（2011）
5) 半澤重信：博物館建築 - 博物館・美術館・資料館の空間計画、鹿島出版会（1991）
6) パナソニック株式会社　P.L.A.M.「設計資料・モデルプラン／照明設計資料」
   http://www2.panasonic.biz/es/lighting/plam/knowledge/design_knowledge.html
7) 東芝ライテック株式会社　照明設計資料「照明設計の基礎（光源色と演色性）」
   http://www.tlt.co.jp/tlt/lighting_design/design/basic/data/10_22.pdf
8) コニカミノルタ株式会社　楽しく学べる知恵袋「色色雑学（色の見え方と表現方法）」
   http://www.konicaminolta.jp/instruments/knowledge/color/part1/

※ URLについては2014年6月1日時点のもの。

知っておきたい照明の基本用語

【照度、累積照度】 光を受けた面の明るさを、その面が受けている光の量で表したのが「照度」です。単位はルクス(lx)で表します。床のように水平な面の照度を水平面照度、壁のように垂直な面の照度を鉛直面照度といいます。そして、光源に向かう方向に垂直な面の照度を法線照度といいます。通常、JISなどで定められている空間の推奨照度は水平面照度ですが、作品の照度管理では、作品の測りたい面に対して受光部を水平に構えて測定します。壁面展示では、便宜的に鉛直面照度で測定します。この光の量に照らされた時間を乗じたものが「累積照度」で、単位はルクスアワー(lx・h)で表します。ミュージアムの作品管理では、1年単位での累積照度である、年間累積照度(lx・h/y)を設定していることが多いです。《参照ページ12》

【配光】 光源から光が、どの方向(角度)にどれぐらいの強さで発せられているかを示すものが「配光」になります。配光の分布状態を示すものに配光曲線というものがあります。一般的に配光曲線が細く鋭いものが狭角配光、配光曲線が丸いものが拡散配光です。このような配光特性から、どの器具や光源を使えばよいか検討します。《参照ページ18》

【ルーバー、ルーバー照明】 「ルーバー(louver)」とは、羽板(はいた)と呼ばれる細長い板を、平行や格子、六角形に組んだものです。光を決められた角度で遮光するために用います。光をさえぎる角度(遮光角)は、羽板の深さや取り付け角度、取り付けピッチによって決まります。照明器具自体に付いているものや、光天井の一種であるルーバー天井のように建築に設置されているものもあります。《参照ページ30, 39》

【フード】 スポットライトなど照明器具の光の出口を覆う筒状のものです。照明器具のグレアをなくすために使用します。通常、円筒形のものと、円筒形を斜めに切ったハーフタイプがあります。《参照ページ30, 49》

【バンドア】 照明器具の光の出口に取り付ける羽板状のものです。羽板で光の出口を任意の角度でふさぐことにより、不必要な方向への光を遮断するとともに、グレアをなくします。通常は、4枚羽仕様で、ほかには2枚羽、1枚羽タイプもあります。《参照ページ55》

【中落ち】 照明器具から発せられた光は、通常、中心部分がいちばん明るく、外側にいくほど暗くなりますが、中心部がやや暗くなる場合もあり、これを「中落ち」といいます。ほかにもウォールウォッシャで壁面を照らしたときに、壁面上部の光源近くが明るくなり、目線高さで暗くなり、足元近くでまた明るくなる状態も「中落ち」といいます。《参照ページ62》

【カットオフライン】 不必要な光を遮光するための目安となる空間のポイントやそのポイントと光源を結ぶ線を「カットオフライン」と呼びます。《参照ページ64》

【入隅】 建築用語の一つで、壁などで二つの面が入り合ってできる角のことをいいます。逆に二つの面が出合ってできる角のことを出隅といいます。簡単にいえば、凹が入隅で、凸が出隅です。《参照ページ64》

【仕込み照明】 ライティング前の内装工事段階に、内照式のグラフィックパネルやアンドンボックスに入れる照明のことをいいます。展示期間中もメンテナンスができるようにする必要がありますが、不可能な場合は、LEDなどの長寿命光源を使用します。《参照ページ102》

【ワンコア（一粒）タイプ】　発光部を一つにまとめた高集積型 LED を用いた LED 照明器具のことをいいます。多くは径 10-20 Φ であり、配光制御は反射板を使います。多粒タイプのようなマルチシャドウは出ませんが、配光を狭角にすることが苦手です。スカラップが出る場合や、グレアを感じる場合は、反射板内にグレアレスリングを取り付けます。　《参照ページ 123》

【多粒タイプ】　一つの器具に複数の LED を用いた LED 照明器具のことをいいます。配光制御はレンズを各 LED の粒の前に配置して行います。ワンコアタイプよりも配光を狭角にするのが得意です。粒間の距離があるとマルチシャドウの原因となりますので、粒間が狭いほうがマルチシャドウになりにくいです。特にフードやスプレッドレンズを用いる場合はマルチシャドウに注意します。　《参照ページ 123》

【スカラップ】　目的とする配光の周辺へ出ている光のために、光源付近の天井部や壁面にできる光の波形模様のことをいいます。　《参照ページ 123》

【マルチシャドウ】　多粒タイプの LED 照明器具を使った際、粒一つひとつで影ができたときに現れる多重の影のことをいいます。　《参照ページ 123》

【保守率】　照明器具を長期間使用したときに、照明器具の汚れ、天井や壁の汚れや、ランプ自体の光束低下によって照度が低下することを見越して、照明設計時に計算に入れる補正係数のことをいいます。保守率を 1.0 で計算した照度を初期照度といいます。《参照ページ 149》

【反射（材）】　一般的には、光が進んだ先にある物質間の境界面で入射する光の一部もしくは全部がはね返される現象のことをいいます。入射角と反射角が等しい鏡面反射と、反射がさまざまな角度に向かう拡散反射があります。反射素材も、ミラーのような鏡面反射の素材と、マットシルバーや高反射樹脂のような拡散反射の素材があり、展示物に合わせて使い分けます。　《参照ページ 85》

【拡散（フィルター）】　「拡散（透過）」は、物質に入射した光がさまざまな角度に向かって透過する現象のことをいいます。「拡散フィルター」は、スポットライトなど配光制御された照明器具の前面に取り付けて、配光を広くしたいときや光のエッジをぼかしたいときに用います。拡散材料には、乳白、フロスト、ディフュージョンなどがあり、それぞれ拡散度と透過率が異なりますが、基本的に拡散度が高いほど透過率が落ちます。素材にもガラス、アクリル、ポリカーボネート、舞台照明用のポリエステルフィルムなどいろいろあり、照明器具によって使い分けます。　《参照ページ 130》

【光の三原色と色の三原色】　「光の三原色」とは、通常、R（赤）・G（緑）・B（青）の三色の色光のことをいいます。これら三色の組み合わせでさまざまな色の発光を得ることができ、これら三色を完全に混ぜ合わせると白色光を得ることができることから、この混色を加法混色といいます。
「色の三原色」は、通常、C（シアン）・M（マゼンダ）・Y（イエロー）の三色のことをいいます。これら三色の色の組み合わせでいろいろな色を得ることができ、これら三原色を完全に混ぜ合わせると黒を得ることができることから、この混色を減法混色といいます。　《参照ページ 8》

【点光源】　「点光源」は、ハロゲン電球のように発光部が小さな光源のことをいいます。発光部が小さいことにより、輝度が高く、配光制御が容易なため、指向性のある光をつくりだすのに適しています。点光源の反対語は「面光源」であり、蛍光灯などの拡散光源を使った照明器具がそれにあたります。基本的に点光源は陰影が強く、質感がかたくなりがちになります。　《参照ページ 90》

あとがき

　本書の内容は、これまで多くの先人たちが積み重ねてきた展示照明の基本をベースに、筆者が照明の世界に飛び込んでからの 20 数年間に実践してきたものを交えてまとめたものです。これまでの 20 数年で、軽く 100 を超える施設の照明デザインと、軽く 100 を超える展覧会のライティングを実践してきましたが、美術品や作品に光をあてるたびに、新しい発見や驚きがあります。

　これらの知識や経験は、私の照明のベースを形成してくれた松下電工株式会社（現パナソニック株式会社）、そして展示照明の基本を伝授してくださった先輩の中矢清司さん、ライティングを実践する機会を数多く与えてくれた我がホームグラウンドのパナソニック 汐留ミュージアム、施設の計画や展覧会のライティングで貴重な経験をさせていただいている山種美術館、出光美術館、奈良国立博物館、東京都現代美術館、諸橋近代美術館、名古屋市美術館、山口県立美術館ほか、多くの美術館・博物館の皆様のお蔭です。今回も写真や図版の多くをご提供くださりありがとうございました。

　また、本書をまとめるにあたり、貴重な写真を提供してくださった「目の眼」の井藤丈英さん、写真撮影に協力してくださった冨江洗心堂の冨江和夫さんと冨江英俊さん、研究内容を引用させていただいた本吉勇先生、多くの図版作成をしてくれた佐藤智則君ほか、多くの方々からご協力いただきました。この場を借りてお礼申し上げます。本当にありがとうございました。

　最後に、人生の目標のために動き回る私を自由にさせてくれている妻と子供たちに感謝し、本書を締めさせていただきたいと思います。

2014 年 6 月

藤原 工

索引

あ

明るさ感　15, 24, 26, 75
イメージワード　102
入隅　138
色温度　14, 17, 28, 86, 97, 114, 130, 148, 151-153
色温度可変フィルター　119, 124, 135, 47
陰影　18, 20
映り込み　30, 48, 57, 69-71, 78, 86, 132, 136, 138
LED　69, 92, 114, 119, 121, 144, 148, 153
演色性　30, 114, 148, 152, 153
演色評価数　115
温涼感　28

か

拡散光　90, 108
拡散シート　66
額の影　89
可視光線　4, 10, 12
カッターライト　53, 55, 71, 77, 82, 85, 87, 94, 98, 111, 122, 126, 138
カットオフライン　64
可動壁　49, 138
カラーフィルター　110
鑑賞者の影　69, 70
間接照明　39
桿体　8
機器リスト　106
基準光源　117

輝度計　115
キャリブレーション　116
キラメキ　20
均斉度　42, 64, 69, 152
空間輝度　25, 152
グレア　30, 50, 52, 82, 96, 98, 138, 149, 152
建築化照明　39
高演色性　146
光色　15, 28, 30, 88, 108, 134, 138
校正　114
光沢　7, 20
GOBO　111, 126, 131
コンセプチュアルイメージ　104

さ

サステイナブル　144
サバンナ効果　27
紫外線　4, 10, 92, 96, 114, 120
紫外線強度　11
紫外線強度計　115
色彩照度計　115
仕込み照明　102
視線高さ　75, 81
遮光　61, 80
重心　27, 108, 128, 136
シューティング　102, 152
障子　74, 109, 142
照度　12
照度計　115, 116
錐体　8
スカラップ　123

164

スプレッドレンズ　63, 123, 124, 130, 134, 136, 138
赤外線　4, 10
ゾーニング　102, 105

た
多重の影　82
多粒タイプ　123
単波長　92
直接照明　39
低反射フィルム　71
ディフュージョンレンズ　124, 130, 138
点光源　90
透過光　90
動線　105
特殊演色評価数　16
トップハット　66
トリミング　136

な
中落ち　62, 80
入射角　51, 52, 94
ノイズ　46, 51, 54

は
配光　18
白色感　86
白内障　151
バッファ　61, 80, 128, 131
パラウェッジルーバー　67
ハリソンの作用スペクトル関数　11
反射光　66
反射シート　63, 85
反射素材　87

反射防止フィルム　70
バンドア　53, 55, 131
光天井　39
光のコンセプト　102
光漏れ　57
100 hue test　155
標準比視感度曲線　9
表面特性　6
フード　30, 123, 125, 131, 149
分光測色計　5, 6
分光特性　114
分光分布　5
分光放射照度計　114, 115
平均演色評価数　16, 17, 119
変褪色損傷係数　11
放射照度　11
保守率　149

ま
巻き皺　61, 77
マルチシャドウ　123

や
有機EL　68, 144
ユニバーサルデザイン　150

ら
累積照度　12
ルーバー　30, 53, 67, 125, 128, 131, 149
ルーバー照明　39

わ
ワンコアタイプ　123

165

著者紹介

藤原 工（ふじわら たくみ）

美術照明家・照明デザイナー，(株) 灯工舎代表.
姫路出身．1991年筑波大学芸術専門学群卒業．パナソニック電工（株）で建築（主に美術館・博物館）の照明デザイン，コンサルティング業務に携わり，2011年退社．2012年，灯工舎を設立．
全国の美術館・博物館や寺社仏閣の照明コンサルティングのほか，MOA美術館，山種美術館，奈良国立博物館などの各展覧会のライティングを行う．
岡山県立大学デザイン学部，静岡文化芸術大学，金沢美術工芸大学，武蔵野美術大学非常勤講師．

◆著書
『博物館展示論』（黒沢浩編著，2014年，講談社），『博物館資料保存論』（石﨑武志編著，2012年，講談社）いずれも共著．

◆灯工舎ウェブサイト
http://www.lightmeister.co.jp/

NDC709　175p　21cm

学芸員のための展示照明ハンドブック

2014年6月30日　第1刷発行
2024年8月6日　第8刷発行

著　者	藤原 工（ふじわら たくみ）	
発行者	森田浩章	
発行所	株式会社　講談社	

〒112-8001　東京都文京区音羽2-12-21
　　販売　(03) 5395-4415
　　業務　(03) 5395-3615

KODANSHA

編　集　株式会社　講談社サイエンティフィク
　　　　代表　堀越俊一
〒162-0825　東京都新宿区神楽坂2-14　ノービィビル
　　編集　(03) 3235-3701

本文データ制作　株式会社エヌ・オフィス
カバー・表紙印刷　株式会社平河工業社
本文印刷・製本　株式会社KPSプロダクツ

落丁本・乱丁本は，購入書店名を明記のうえ，講談社業務宛にお送りください．送料小社負担にてお取替えいたします．なお，この本の内容についてのお問い合わせは，講談社サイエンティフィク宛にお願いいたします．定価はカバーに表示してあります．

© Takumi Fujiwara, 2014

本書のコピー，スキャン，デジタル化等の無断複製は著作権法上での例外を除き禁じられています．本書を代行業者等の第三者に依頼してスキャンやデジタル化することはたとえ個人や家庭内の利用でも著作権法違反です．

JCOPY 〈(社)出版者著作権管理機構 委託出版物〉

複写される場合は，その都度事前に(社)出版者著作権管理機構（電話 03-5244-5088, FAX 03-5244-5089, e-mail: info@jcopy.or.jp）の許諾を得てください．

Printed in Japan

ISBN 978-4-06-156521-0